経済

外食　教育・学習　法務　物流

人材　エンタメ

すごいベンチャー2022 後編

広告・マーケ　くらし

EC・小売り　食品・農業

金融　建設・不動産

週刊東洋経済eビジネス新書　No.439

すごいベンチャー2022〔後編〕

本書は、東洋経済新報社刊『週刊東洋経済』2022年9月17日・24日合併号より抜粋、加筆修正のうえ制作しています。情報は底本編集当時のものです。（標準読了時間　120分）

すごいベンチャー2022〔後編〕目次

〝起業転職〟時代が到来

ビズリーチで起業家をスカウト

企業への転職ではなく、「起業家になる」というキャリアがじわりと広がっている。

「起業を考えてみませんか」。浜田英揮氏は名刺管理のクラウドサービスを手がけるSansanで、インサイドセールス（見込み客へのメールや電話での営業）の責任者を務めていた。今後のキャリアを考え始めた2021年夏、人材紹介サイト・ビズリーチ経由でメッセージが届いた。「起業家」のスカウトだった。

差出人はDeNA傘下のベンチャーキャピタル（VC）、デライト・ベンチャーズの坂東龍氏。同社は起業家候補として見込んだ人材をスカウトし、起業を支援する事業を展開する。

海外事例など2000以上の事業案リストを用意し、候補者と事業計画を検討。潜在需要などを検証したうえで、ゴーサインを出す。創業者はデライトの契約社員となり、当初は創業者が75%以上、残りをデライトが出資。外部からの資金調達が実現すると独立する。これまでに13社が独立起業した。

浜田氏は三井物産に新卒入社し、米ハーバード大学でMBA取得後は多数の投資案件を担当。2016年からビットフライヤーで米国事業の立ち上げを担い、19年にSansanに転じた。「起業には以前から興味はあったが、まさか誘いが来るとは。でも彼らのやり方なら、自分にも可能性があると感じた」と浜田氏は振り返る。

リストから自分ができるものを洗い出し、坂東氏との数回の打ち合わせを経て事業が決まった。見込み客がSaaSの問い合わせフォームに入力すると、担当者との商談日程を決める画面が現れ、アポ取りを自動化できるというインサイドセールスのツールだ。社名は「immedio」に決めた。

仕事の合間に起業の準備を続け、2021年11月にデライトの投資委員会で事業化の承認にこぎ着けた。その2日後、妻と会社に退職の旨を伝えた。「起業と社内起業の間くらいで始められる。子どもも3人いるが、張り詰めすぎない緊張感で進められた」と浜田氏は話す。

　翌12月に開発を開始。試作版ができると顧客を探し回り、5社から試験導入の承諾を得た。

　一方、外部からの資金調達は、「市況が怪しくかなり断られた」(浜田氏)という。それでも浜田氏の実績や能力を評価する投資家が現れ、9月に出資の契約がまとまる予定だ。晴れて起業家として独り立ちする。

優秀な人材の背中を押す

　VCがヘッドハンターと手を組み、大企業に眠る優秀な人材を掘り起こす取り組みも進んでいる。インキュベイトファンドとフォーススタートアップスは、これまで8社の起業支援を手がけた。

　インキュベイトの投資担当者が求める起業家像をフォーススタ側に伝える。フォーススタは志水雄一郎代表を中心に、候補者をスカウト。投資担当者と候補者で事業計画を練り、数カ月で起業に至る。

インキュベイトの村田祐介代表パートナーは、「起業家の数が足りない。工数はかかるが、人材とタイミングがはまれば成長は早い。どの会社も大型の資金調達にこぎ着けた」と手応えを感じている。

フォースタの志水氏は、「優秀層の多くが一度は考えたことがある。彼らの背中を押すのが仕事。世界の最高峰キャリアは今やエグジットできる起業家」と語る。


このプログラムから生まれた1社がユイメディだ。グライムス英美里社長は武田薬品工業やスイス留学を経て、マッキンゼー・アンド・カンパニーに勤務していた。「1ミリくらいは起業も選択肢にあった」（グライムス氏）ので、フォースタに相談に行くと村田氏を紹介されたという。

「起業は借金漬けになって大変という印象で最初は敬遠していた」というが、議論を重ねる中で、「初歩的なサポートもあるし、壁打ちをするうちにプロダクトも固まった。ギラギラしたタイプではないが、転職をするように起業ができると感じた」と振り返る。

ＶＣが大学の研究者と経営人材をマッチングするイベントもある。大学発ベンチャーへの投資実績が多いＶＣのビヨンド・ネクスト・ベンチャーズは、研究成果の事業化支援の一環として、ピッチイベントを開催する。それが縁で起業を決めたのが佐藤亨氏だ。小野薬品工業でがん免疫治療薬「オプジーボ」の海外展開を担当し、台湾法人を立ち上げた経験を持つ。その後バイオベンチャーに移り、出資先の資金調達に奔走していた。

「ＶＣ側と関係を深めるために参加した」というが、東京女子医科大学の研究者が発表した内容に興味を持ち、チームの相談に乗ることになった。彼らは膵臓がん治療の「集束超音波（ＨＩＦＵ）治療装置」の事業化を目指していた。

だがこうした医療機器の成功事例は少なく、経営人材も見つからなかった。「最後のボールを蹴ってくれないか」。共同創業者にそう言われた佐藤氏はＣＥＯとして一緒に起業することを決めた。「子会社とはいえ社長の経験があり、起業の面白さや苦労はわかる。研究データも確かなもので、事業化するべきだと思った」（佐藤氏）。

２０２０年２月にソニア・セラピューティクスを創業した。当初は資金調達が決まらなかったが、妻と子ども2人の応援を背に奮闘。コロナ禍でウェブ会議が主流になりVCとの面談も増え、2度の調達を実施。累計調達額は7・3億円に達した。この10月から薬事承認に向けた治験を開始予定で、2026年の販売開始を目指す。

（中川雅博）

◆ ベンチャー投資家とヘッドハンターが一緒に発掘
―インキュベイトファンドとフォースタートアップスのスキーム―

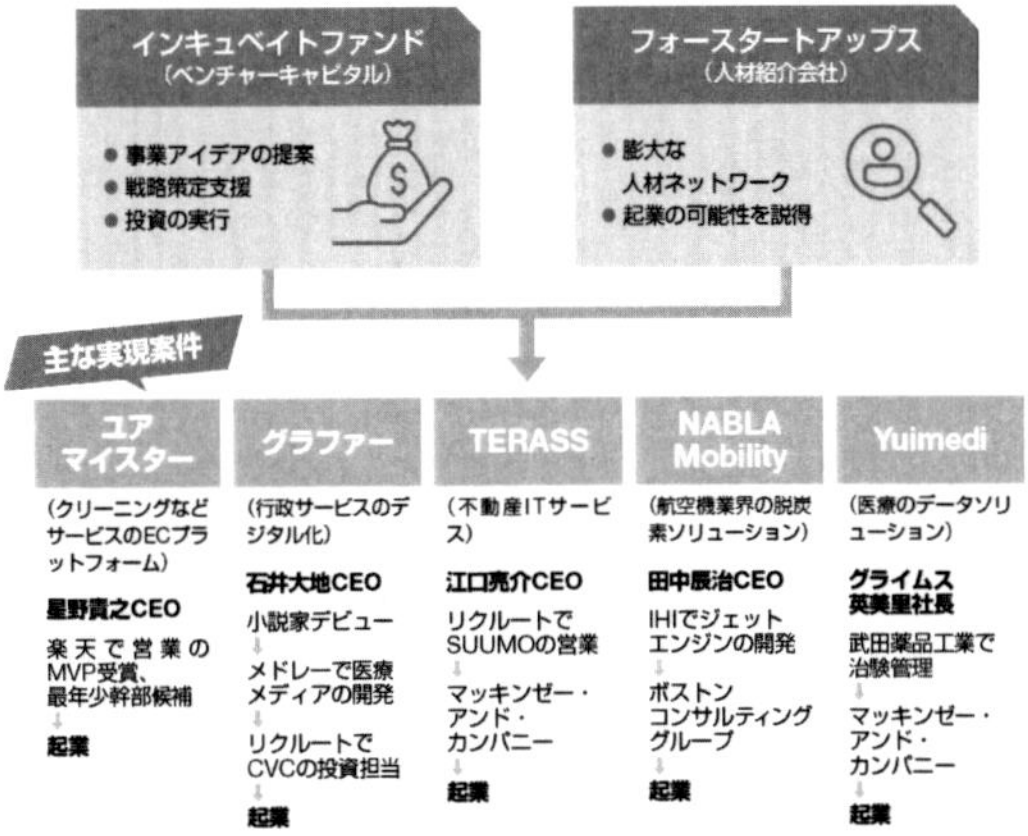

海外で成長遂げる企業も登場

徹底解剖! 上場予備軍の今

株式市場の冷え込みはベンチャー業界にも暗い影を落とした。とくに、すでに一定規模まで事業が拡大し上場前夜と目される「レイターステージ」の各社の資金調達環境が大きく悪化し、経営戦略の見直しを迫られるケースも相次いでいる。

そんな中でも、独自の強みを磨き上げて投資家から巨額資金を引き出し、道を切り開くベンチャーは存在する。日本だけでなく、海外で着実な事業拡大を遂げる会社も増えてきた。「大型上場予備軍」の現在地に迫る。

プリファードネットワークス（Preferred Networks）

企業評価額は3500億円超と日本一のユニコーン企業（評価額が10億ドル以上のベンチャー）として名をはせているのが、プリファードネットワークス（PFN）だ。深層学習と呼ばれるAI技術やロボティクスなどの分野で最先端の研究開発を行う。

これまでベンチャーキャピタル（VC）からの出資を受けておらず、出資元はすべて国内大手の事業会社だ。トヨタ自動車やファナック、NTT、ENEOSホールディングスなど、各業界のトップ企業と手を組み、深層学習を活用した共同研究を展開している。

企業規模もすでに一定の水準に達している。社員数は約300人で、2021年1月期の売上高は84億円、営業損失が10億円だった。「売り上げの大部分が企業からの共同研究開発費で成り立っている」（PFN広報）といい、自社製スーパーコンピューターの開発などでインフラ面の投資や積極採用により赤字だった。ただこれまでの累積損失はなく、利益剰余金は10億円のプラスだ。

スパコンなどハードウェアの研究をしていた西川徹CEOと、自然言語処理を専門とする岡野原大輔・最高研究責任者が東京大学の同級生として出会ったのが2001年。その後、西川氏がプログラミング大会で競っていた仲間らを巻き込み、2006年に前身企業を創業。14年にそこから分社化する形でPFNが立ち上げられた。

手がける分野は広範だ。AI創薬などのヘルスケア、ENEOSと取り組む材料探索やプラントの最適化、ファナックと共同開発する工場自動化機器などがある。

企業との共同研究以外に、今後の成長柱として育成中なのが自社開発の事業だ。独自の画像認識AIを用いた工場生産品の外観検査ソフトウェアは、自動車部品や食品など、すでに100社以上に導入されているという。

2020年に開始した小学生向けのプログラミング教材も業容が拡大している。学習塾大手のやる気スイッチグループとの合弁会社で、全国700教室に展開する。成人向けの教材も開発中だ。

外部からの出資を受け入れ大規模な投資を進めるのが、21年11月に設立したロボット事業を手がける子会社プリファードロボティクスだ。清掃機器のアマノや住宅大手の旭化成ホームズ、三井住友銀行からすでに26億円を調達。業務用清掃ロボットや家庭用自律移動ロボットの展開を予定する。

PFNはトヨタの生活支援ロボットを基に開発した「全自動お片付けロボットシステム」を18年に展示会で披露。当時大きな注目を集めたロボット分野の事業化がようやく本格化しそうだ。

もっとも、自社開発の事業の売り上げ構成はまだ小さい。株主にVCがいないだけに、急成長して株式上場せよという圧力もない。異色の研究者集団は、どんな成長の道をたどるのか。

（中川雅博）

リーガルフォース（LegalForce）

「もっと大きなスケールで考えなさい」。リーガルフォースの角田望社長は出資を募るプレゼンテーションの場で、ソフトバンクグループの孫正義社長からそう檄を飛ばされた。

2022年6月に約137億円の資金調達を実施すると発表。投資家には孫氏が率いるソフトバンク・ビジョン・ファンドの2号ファンド、米VC大手セコイア・キャピタルの中国法人、米金融大手のゴールドマン・サックスと、世界規模のプレーヤーがずらりと並んだ。

リーガルフォースが手がける契約書のAI審査のSaaSは、契約書の修正点や抜け落ちのチェックなどを行うもの。19年の開始から急速に拡大し、3年で2000社以上の企業や法律事務所が導入した。顧客にはサントリーや花王といった大企業も少なくない。21年初めには企業が締結した契約書の管理サービスも開始、導入社数は450を超えた。開発専任の弁護士チームを抱えるのも特徴だ。

今回の出資に応じた投資家はいずれも金融関係者に紹介されたり、直接連絡が来たりして決まったもの。潜在市場の大きさや成長性を評価されたという。

資金調達は創業来、毎年実施してきた。今回の調達は２０２１年夏ごろから準備を始めたが、その後株式市場が急落。「不透明感が強まる中、かなり余裕を持って１年半分の成長投資ができる金額目標を設定した。結果的に当初の2倍近くの規模になった」（角田氏）。

国内での成長を加速するだけでなく、今後は契約で使われることの多い英語の契約書を対象に海外展開を進める。冒頭の孫氏の言葉は、それだけ市場の開拓余地があることを示唆している。

「日本だけでは成長に限界がある」と角田氏は指摘する。「今後投資家にリターンを提供するには、ユニコーンを狙わないといけない。そのために海外展開は必須。人脈や情報を持つ投資家に入ってもらえたのは心強い」（同）。

直近の社員数は４１１人と、前年の2倍以上に増加した。採用も含めた組織づくりへの投資も惜しまないという。

（中川雅博）

ティアフォー（TIERⅣ）

２０２２年１〜６月のベンチャーの資金調達額で首位クラスとなったティアフォー。既存株主のＳＯＭＰＯホールディングスやヤマハ発動機に加えブリヂストンも出資し、１２１億円を調達。累計調達額は３００億円に迫る。

ティアフォーは創業した２０１５年にオープンソースの自動運転用オペレーションシステム（ＯＳ）「オートウェア」を無償で公開。現在世界で５００社以上が使用し、自動運転用ＯＳの利用社数としては世界トップを誇る。

「カーボンニュートラルに向けたＥＶ（電気自動車）化の流れも追い風だ」。創業者兼ＣＴＯの加藤真平氏はそう語る。ＥＶは走行のほか空調などでも電力を消費するため、航続距離を延ばすためには自動運転の省エネ化が欠かせない。同社のソフトを使った自動運転システムは汎用品で構成でき、走行環境に応じて消費電力を１０〜１０００ワットの範囲で変えられる。

脱炭素技術を開発する国の新規事業にはソニーグループとともに採択され、ティアフォーは現行技術より消費電力が7割少ないソフトを開発する。加藤氏は「消費電力を今の1割にしつつ、可能なタスクも10倍に増やしたい」と意欲的な目標を語る。自動運転車から得られる膨大なデータを、AIを搭載した車両側で最大限処理することでクラウドに送るデータ量を減らして、省電力化する考えだ。

ティアフォーは自動運転関連のコンサルティングのほか、顧客の要望に応じ自動運転用のハードとソフトを組み合わせるソリューション提供、自動運転のシミュレーション用開発ツールの提供などで稼いでいる。20年に参画した台湾・鴻海（ホンハイ）精密工業のEV開発プラットフォーム「MIH」では、自動運転で中心的な役割を担う。

スズキが2022年5月に公道で実施した自動運転の実証実験用車両にもシステムを提供した。資金や開発力で大手に劣る中小メーカーでも、オートウェアをベースに必要な部分をティアフォーと共同開発することで開発の期間やコストを抑えることが可能になる。

注目が集まる株式上場については、「自動運転の市場が立ち上がる適切な時期に行いたい」（加藤氏）考えで、25年が目安になるという。「自動運転技術の民主化」をミッションに、今後もアクセルを踏み続ける。

（木皮透庸）

ヘイ（hey）

「ストアーズ（STORES）」の名を冠して、EC（ネット通販）サイト構築やキャッシュレス決済、POSレジ、ネット予約のサービスを手がけるのがヘイだ。

ベイス（BASE）やカナダのショッピファイなど、国内外で上場するEC構築サービスと比較されることも多いが、「中小のお店がデジタル化する仕組み一式を提供する会社。ECは1つのパーツにすぎない」。佐藤裕介CEOはそう語る。

成り立ちも独特だ。2018年に決済サービスを展開するコイニーとEC構築のストアーズ・ドット・ジェーピーを統合し、持ち株会社としてヘイを設立。両社の社長と親交のあった佐藤氏が、ネット広告のフリークアウト・ホールディングスのトップを退き、CEOに就いた。「お金のかかる事業だったので、資金調達をするために経営体制を分厚くする必要があった。（両社長の）相談に乗る中で加わることになった」と振り返る。

その後もM&Aは戦略の軸になった。2020年8月にはネット予約サービスのクービックを、21年12月には店舗向けの顧客管理ソフトを提供するショップフォースを買収。前者は現在の「STORES予約」、そして後者は22年8月に提供を始めた「STORES（ストアーズ）ブランドアプリ」の基盤となっている。

2021年12月期の売上高は96億円で、51億円の営業赤字を計上した。コロナ禍で他社と同様に、ヘイもEC化需要を取り込み大きく業容を拡大。「このタイミングで認知獲得のマーケティングやサポート体制の整備など一気に投資を加速させた。21年は赤字のピークになる」（佐藤氏）。

2020年に米投資ファンドのベインキャピタルなどから約40億円、21年も既存投資家を中心に約80億円を調達し、直近の評価額は922億円とユニコーン目前だ。「（企業再編などの）経験豊富なベインが株主にいることで、大規模な案件も含めてM&Aの選択肢がさらに広がった」と佐藤氏は話す。

来るべき上場に向けては、「われわれの顧客が複数の製品を使ってくれていて、だからこそ高い体験価値を提供できているという姿を見せなければならない」(佐藤氏)。ストアーズ製品を1つでも導入する顧客にはほかの製品も提案しやすくなり、営業の効率が上がる。製品間のデータ連携も可能になる。ブランドを前面に押し出すべく、10月には社名を「STORES(ストアーズ)」に変更する予定だ。

先述のブランドアプリも今後の成長のカギを握りそうだ。ECと実店舗の両方を持つ事業者が簡単に会員向けアプリを作れるもので、顧客一人ひとりの購買データを一気通貫で管理でき、それを基にレコメンドも可能になる。

「(ストアーズ製品に触れてこなかった)中堅規模の顧客のエントリーポイントにしたい。他社のECやレジからの乗り換えも提案しやすくなる」と佐藤氏は意気込む。

(中川雅博)

エニーマインドグループ（AnyMind Group）

まさに急展開の大型調達だった。2022年7月に三菱UFJキャピタルなどから借り入れも含め約50億円を調達したのが、エニーマインドグループだ。

主にインフルエンサーや企業に対し、マーケティング支援を展開している。ECサイトの構築や運用、商品の企画・設計、物流まで一気通貫で支援することが強みだ。ほかにも、インフルエンサー事務所やメディア向けの収益化支援など、多様な事業を展開している。創業の地が東南アジアで売上高の約6割を海外で稼ぐなど、日本のベンチャー企業としては異色の存在でもある。

業績は好調で、21年度の売上収益は前期比57%増の192億円。一見すると50億円の調達も順当に思えるが、なぜ急展開の調達だったのかといえば、3月に新規株式公開（IPO）予定だったにもかかわらずその約3週間前に急きょ中止したからだ。

十河宏輔CEOは、ロシアによるウクライナ侵攻が始まったことで「市場全体が不透明になり、今上場する必要があるのかと考えた」と理由を説明する。とはいえ、その決断には相当な勇気が必要で「人生でいちばん悩んだというくらい葛藤があった」。

ともすると、市場内外の関係者にネガティブな印象を与えてしまう上場延期。最も課題となったのが、社員のモチベーション管理だ。とくに、実際に上場準備をしていた社員にとってはショックが大きい。「かなり不安が募ったと思う。短期的な目線ではなく、5年、10年後にさらなる成長を遂げるために上場を急ぐ必要はない、ということを丁寧に話した」(十河氏)。

上場延期を決断したことで、予定していた資金調達も立ち消えとなった。ただこの点に関して十河氏は、「すでに上場承認も下りており体制は整っている。プレIPOの会社として安心して投資してもらえた」と振り返る。

調達資金はアジア市場開拓を念頭にM&Aなどに充当する方針。延期した上場についても、「いつでもできる準備は整えている。後は市況回復を待つのみ」(十河氏)。もう迷いはない。

(井上昌也)

「5カ年計画」は成果を生むのか

スタートアップ育成にかける政府の本気度

政府がスタートアップ企業の支援に本腰を入れている。岸田文雄首相は2022年を「スタートアップ創出元年」と位置づけ、6月に閣議決定した「新しい資本主義のグランドデザイン及び実行計画」には、スタートアップ育成の司令塔を設けることなどが盛り込まれた。その流れを受け、8月にはスタートアップ担当相を新設。山際大志郎・経済再生担当相が兼務することになった。

政府は今後、年末までに「スタートアップ育成5カ年計画」をまとめる見通し。米中などに比べ大きく見劣りする、ユニコーン企業の輩出に向けた具体的な方針などが示される予定だ。

業界団体がロビーイング

　新しい資本主義実現会議で示されたスタートアップの支援メニューは多岐にわたっている。ＳＢＩＲ（Small Business Innovation Research）制度に基づく研究開発補助金の拡充、２０００兆円ある個人の金融資産やＧＰＩＦ（年金積立金管理運用独立行政法人）などの長期運用資金の流入など、その項目は１４に及ぶ。

◆ 多種多様な政府のスタートアップ支援策

1	公共調達の活用とSBIR制度のスタートアップへの支援の抜本拡充
2	海外のベンチャーキャピタルも含めたベンチャーキャピタルへの公的資本の投資拡大
3	個人金融資産およびGPIF等の長期運用資金のベンチャー投資への循環
4	優れたアイデア、技術を持つ若い人材への支援制度の拡大
5	スタートアップが集積するグローバル・スタートアップ・キャンパス
6	創業時に信用保証を受ける場合に経営者の個人保証を不要にする等の制度の見直し
7	IPOプロセスの改革実行とSPACの検討
8	事業化まで時間を要するスタートアップの成長を図るためのストックオプション等の環境整備
9	社会的課題を解決するスタートアップの環境整備として法人形態のあり方の検討
10	従業員を雇わない創業形態であるフリーランスの取引適正化法制の整備
11	未上場株のセカンダリーマーケットの整備
12	海外における起業家育成の拠点の創設
13	起業家教育
14	スタートアップ・大学における知的財産権の戦略の強化

(出所)新しい資本主義実現会議「新しい資本主義のグランドデザイン及び実行計画」

スタートアップ関係者の働きかけも実っている。とりわけ活発に活動してきたのは、日本ベンチャーキャピタル協会（ＪＶＣＡ）だ。スタートアップ向けに優先購買枠を設置する「政府調達（公共調達）」に的を絞り、政府関係者へのロビーイングを行った結果、それが政府の案の冒頭に盛り込まれた。「政府が直接スタートアップの商品を購入するぐらい大きなインパクトがないと、日本の新しい産業は世界で勝てない。文面に政府調達の言葉が入った効果は大きい」とＪＶＣＡ代表理事（会長）の赤浦徹氏は期待を寄せる。

東北大学発の宇宙スタートアップ、エレベーションスペースの小林稜平（りょうへい）ＣＥＯは、「当社のようなディープテックと呼ばれるスタートアップは収益化に時間がかかるため、政府の直接的な調達は大きな下支えになる」と歓迎の意を示す。

ほかにも、金融機関が創業時の経営者に個人保証を求めない新たな制度の創設や、ＩＰＯ（新規株式公開）時の資金調達額を増やすためのプロセス見直しなど、前述１４の項目はスタートアップの幅広い課題に応えた内容となった。

一方で、関係者の間で一時議論を呼んだ内容もあった。5月に内閣府がまとめた資料に「公的機関からの海外ＶＣへのＬＰ（有限責任）投資を実施する枠組みを推進する」という表現が載り、同時に「政府が海外ＶＣのみに出資」という報道がなされた。主に米国の著名ＶＣに政府が出資することで、日本のスタートアップへの投資を増やしてもらいたいという趣旨だったが、日本のＶＣ関係者からは「政府はわれわれを無視するのか」と憤りの声が上がった。

「海外ＶＣ出資」で紛糾

結果的に実現会議が出した文面では、「海外のベンチャーキャピタルも含めたベンチャーキャピタルへの公的資本の投資拡大」という表現に落ち着いたが、官民のすれ違いを映す一幕だった。

政府による海外ＶＣ出資の是非については、内容次第との見方もある。実際に米国のトップＶＣにＬＰ出資を行う国内の大手機関投資家は「彼らがアジア市場に注目し始めているのは事実。ただLP出資と同時にVCが日本への投資を約束する〝ひも付き〟だと、資金そのものを受け入れてくれないだろう。必ずしもトップ層のVCにこだわらないなどの姿勢が必要ではないか」と指摘する。

5カ年計画の策定を進めるうえでは今後、府省庁の権益をめぐる攻防も予想される。スタートアップ支援策がスタートアップ不在にならぬよう、政府には慎重な舵取りが求められる。

（二階堂遼馬）

「省内に支援機能を横串　関係機関もフル活用し推進」

経済産業省大臣官房　スタートアップ創出推進　政策統括調整官・吾郷進平

経済産業省は、支援政策をどう舵取りするのか。担当者に聞いた。

――7月に現職に就任しました。その役割とは？

これまでも、経済産業政策局や中小企業庁などでスタートアップ企業に対するさまざまな支援を行ってきた。ただスタートアップの側から見て全体として十分な体制になっているかという声があった。そこで2021年12月に設立したのが、省内のスタートアップ支援機能に横串を刺す「スタートアップ創出推進室」だ。責任者は他役職との併任だったが、この7月には専任として私が任命された。

――部署の体制は？

経済産業政策局の産業創造課が中心となり、関係機関である独立行政法人を出身母体にしているメンバーも多く在籍している。ＮＥＤＯ（新エネルギー・産業技術総合開発機構）やＩＰＡ（情報処理推進機構）の業務と併任することで、例えばＮＥＤＯとは研究開発の助成、ＩＰＡとはＩＴ人材の発掘・育成をスムーズに進めやすくなる。経産省が所管する産業革新投資機構とも連携を深め、成長資金の供給を抜本的に増やしていきたい。

――年内に内閣官房が「スタートアップ育成5カ年計画」をまとめる予定です。

ほかの府省庁とも連携し、政策の整合性を取っていく。例えば政府調達であれば財務省やデジタル庁、国土交通省などとの調整が必要になる。経産省ではスタートアップ創出推進室がその窓口になる。

政府の司令塔となるのが、8月に設置されたスタートアップ担当相だ。担当相の下、一元的に政策が取りまとめられる意義は大きいだろう。

吾郷進平（あごう・しんぺい）
1967年生まれ。東京大学経済学部卒業後、89年通商産業省（現・経済産業省）入省。中小企業基盤整備機構理事を経て2022年7月から現職。

大学　独自ベンチャーキャピタルの存在価値

大学発ベンチャーが増える中、それを資金面で支える大学の独自ベンチャーキャピタル（ＶＣ）の設立が相次いでいる。

早稲田大学は２０２２年４月、早大独自のＶＣである、早稲田大学ベンチャーズ（ＷＵＶ）を発足させた。８月には産業革新投資機構や大和証券グループ本社などからの出資を受け、５６・６億円規模のファンドを組成。１年以内に同ファンドを最大１００億円にまで拡大させる予定だ。

田中愛治総長は１月の設立表明時に、「大学との連携を強め、研究や特許情報を共有する独自のＶＣがベンチャー育成に重要」とＷＵＶ設立の背景を語った。早大は、特許情報などは共有するものの、ＷＵＶの株式を２割しか持たないことで、独立した経営を確保する。

経済産業省の調査では、早大の2021年時点のベンチャー数は100社で全大学中11位。前年から10社増加したが、トップの東京大学は329社、5位の慶応大学は175社とその差は大きい。

同調査を見ると、VCを設立する大学が上位を独占していることがわかる。国立大では2004年に東大が、私大では2015年に慶応、2018年に東京理科大学がVCを設立している。

大学発ベンチャーの多くは研究を基にしたBtoBビジネスであり、事業成長に時間がかかる。利益を第一とする民間VCでは、長い目で投資や支援を行うことは難しい。そこで、大学VCが研究や技術内容を理解し、長期的な資金供給を行うことで大学発ベンチャーの設立ハードルを下げることができる。早大がVCを設立した狙いもそこにある。

大学独自のVCの役割は、資金供給だけにとどまらない。シーズの発掘から人材の紹介、知財管理支援まで多様な支援を行っている。

◆ 東京大学がファンド規模、投資企業数で断トツ
―主要大学VC一覧―

大学名	VC名	設立年	ファンド数、累計規模	投資企業数（うち上場企業数）
東京大学	東京大学エッジキャピタルパートナーズ	2004	5本、約850億円	143社（18社）
	東京大学協創プラットフォーム開発	2016	2本、約506億円	51社（3社）
東北大学	東北大学ベンチャーパートナーズ	2015	2本、約175億円	約34社（3社）
大阪大学	大阪大学ベンチャーキャピタル	2014	2本、約232億円	約46社（4社）
京都大学	京都大学イノベーションキャピタル	2014	2本、約342億円	約51社（1社）
慶応大学	慶応イノベーション・イニシアティブ	2015	2本、約148億円	43社（3社）
早稲田大学	早稲田大学ベンチャーズ	2022	56.6億円規模でファンド設立	

（注）ファンド数、投資企業数などは22年8月時点　（出所）資料や取材に基づき編集部作成

私大から研究を活性化

ＷＵＶの共同代表の一人である山本哲也氏は「早大から1兆円企業をつくりたい」と意気込む。

同社はエグジット（出口戦略）としてＭ＆Ａ（売却・譲渡）を重視する。大学発ベンチャーの多くは、先行投資がかさみ、売り上げを伸ばすには時間がかかる。ＩＰＯ（新規株式公開）しても、かえって事業成長が難しくなる可能性も高い。しっかり事業をつくり込み、「売り上げゼロでも（事業や人材の価値を見込まれて）海外企業が欲しがるベンチャーをつくる。日本の技術を世界で普及させる」（太田裕朗共同代表）。

投資先第1号には、量子コンピューター関連の早大発ベンチャーを選んだ。同社のＣＥＯなど経営人材も紹介し、起業前からＷＵＶが支援。太田氏は、「研究者には研究に専念してもらう。起業や経営に必要なプロセスはＷＵＶが担う」と強調する。

スタートアップ大国である米国では独自のガバナンスを持つ私大を中心にシーズが生まれ、そのシーズを外部のＶＣが起業に結び付けるエコシステムが構築されてきた。

大学発ベンチャーの成長で得た特許収入などを大学が研究や教育に再投資する好循環も生む。

日本では国の主導の下、国立大を中心にベンチャー創出支援が行われてきたが、米国の私大のように民間からイノベーション創出をしていく必要があるというのが山本氏の考えだ。「だからこそ、私大である早大からエコシステムを構築し、民間からも日本の研究を元気づけたい」と山本氏は語る。

資金以外の支援が重要

先行する大学VCも特色ある支援でベンチャーを後押ししている。

慶応イノベーション・イニシアティブ（KII）のファンド総額は、約148億円に上る。KIIは、慶応大学から直接出資を受け、大学と密に連携を取る。ベンチャーと大学の間に立ってどのような支援を行うかなど、橋渡し的な役割も果たすのが特徴だ。

大学独自のVCを2社持つのが東大だ。東京大学エッジキャピタルパートナーズ

（ＵＴＥＣ）と東京大学協創プラットフォーム開発（東大ＩＰＣ）の2社のファンドの累計規模は1300億円超と他大学を圧倒する。ＵＴＥＣが東大から直接出資を受けない一方、東大ＩＰＣは東大の100％子会社。ＵＴＥＣはシードやアーリー段階への、ＩＰＣはミドル以降への直接投資を中心に行っている。

両社に共通するのが、東大以外の大学や企業と積極的に関係を構築している点だ。ＵＴＥＣの投資先のうち約4分の1を海外企業が占め、東大発ベンチャーと海外企業、大学との共同研究を促すなど、シナジー創出も狙う。ＵＴＥＣの郷治友孝（ごうじともたか）社長は「特定の大学に限定せず、広く投資することがイノベーション創出には重要」と語る。

東大ＩＰＣは、最大1000万円の資金提供などを受けられる起業支援プログラムを開催。東大はじめ東京工業大学、一橋大学などの創業間もないベンチャーなどを対象にしている。東大内外で、起業しやすい環境の構築を目指す。

大阪、京都、東北の3国立大学も独自ＶＣを設立、100億～300億円規模のファンドを運用する。大学内のシーズを育てる存在としてＶＣへの関心は高い。

一方、今後も大学発ベンチャーを活気づけるためには人材確保が重要だと関係者は口をそろえる。

大学はシーズの宝庫である一方、起業後の成長を支える経営人材の確保ができず、低迷する大学発ベンチャーも少なくない。研究への理解と事業化するためのノウハウを備えた人材を供給することが資金提供以上に喫緊の課題だと語る関係者もいる。大学VCは人脈を駆使し、人材紹介サイトを立ち上げるなど支援強化を進める。今後も大学VCが包括的な支援を強化していけるかが、大学発ベンチャーの命運を握る。

（大竹麗子）

次章からは、前編につづき注目すべきベンチャー48社（前・後編あわせて100社）を紹介していく。

各社の記載データでは、【資本金】は資本準備金を含む。原則2022年8月末時点の数字で万円未満切り捨て。【社員数】は役員を含む正社員の数。ただし、兼業社員や業務委託などが含まれる場合がある。

【ＥＣ・小売り】

市場規模拡大で多様化するネット通販

コロナ禍で市場規模が膨らんだＥＣ（ネット通販）もベンチャー活躍の場。店頭業務や接客を効率化する会社も。

バニッシュ・スタンダード

【設立】２０１１年３月【資本金】１１５０万円【社員数】４０人

「投稿」でオンライン接客支援　店舗販売員の「賃上げ」に貢献

ユナイテッドアローズ、トゥモローランド、ポーラ――。利用ブランド数約１７００を超えるオンライン接客支援サービスが、バニッシュ・スタンダードの「ス

タッフ スタート（STAFF START）」だ。

最も利用されているコーディネート投稿機能は、店舗販売員が撮影したコーデなどの画像に商品情報をひもづけ、ECサイトやSNSに投稿できるもの。投稿を通じてどの商品がどれだけ売れたか可視化でき、販売員や店舗の実績評価に活用できる。スタッフスタート経由のEC流通総額は21年に1380億円（前年比25％増）を記録した。

小野里寧晃代表は自社のことを「賃上げ企業」と標榜する。実際、利用企業の7割が販売員へのインセンティブ制度を併せて導入している。「頑張っている販売員が報われる世界をつくりたい」（同）。

成長の起爆剤となったのは雑貨小売りチェーン「スリーコインズ」を手がけるパルの導入だ。販売員による使用感紹介などが奏功し、自社ECサイト売り上げはスタッフスタート導入後の約4年で7倍に拡大。こうした成功を見た他社の導入も一気に進んだ。

100％自己資金で経営を続けているのも同社の特徴。VCからは継続的に出資の声がかかるが、「出た利益は極力販売員に還元する」という方針の下で、受け入れてこなかった。上場準備も進めるが、「導入先の販売員に十分お金が循環する文化を確立してから」（小野里氏）と、急ぐつもりはない。

リカスタマー（Recustomer）

【設立】２０１７年3月【資本金】３億６５００万円【社員数】１２人

返品業務自動化ツールを開発　EC利用のハードルを下げる

ＥＣでアパレル製品などの買い物をする際、ネックになるのが返品の難しさだ。ＥＣ利用の心理的ハードルを下げるため、返品を容易にする事業者が増えつつある中、リカスタマーが提供する返品・交換業務の自動化ツールがそれに貢献している。

小売市場でのＥＣ化率は米国が２０％、中国が４０～５０％ある一方、日本はわずか８％程度。同社によると、その理由の1つが日本のＥＣ事業者による返品ポリシーの厳しさだという。ＥＣはクーリングオフ制度の対象外であるため、事業者側は返品ポリシーを厳格化せざるをえない。

一方で、気軽に買い物してもらうために返品ポリシーを緩和すれば返品・交換依頼が増える。メールでのやり取りやポリシーに合致するかの確認、返金処理まで手動で行えば、事業者側の業務負担は増すばかりだ。

そこでリカスタマーの返品・交換自動化ツールを導入すれば、カスタマーサポートの人件費を大幅に削減できる。返品ポリシーや返品理由、商品の使用状況などの項目を管理画面からカスタマイズすることが可能で、その分析データを製品開発にもフィードバックできる。

消費者からすれば、商品自体に不満があったうえに、返品手続きが煩雑だったらストレスはさらに増す。柴田康弘CEOは「ECで顧客の満足度が大きく下がるのは返品の場面。自動化でスムーズな対応ができれば、逆にロイヤルティーを上げられる」と利点を強調する。

オニゴー（OniGO）

【設立】２０２１年６月【資本金】６億８１９９万円（連続起業家）

自社システムで配送効率改善　１０分で届くネットスーパー

ネット注文した商品が最短１０分で届く利便性を武器に急拡大しているサービス「クイックコマース」。国内で先頭グループを走るのがオニゴーだ。

実店舗は持たず、ネット注文に特化した「ダークストア」と呼ばれる物流拠点から、配送員が自転車などで商品を届ける。定番品を中心に食品や日用品など約２０００品目を扱い、都内の２９市区（２２年８月末時点）でサービスを提供している。

クイックコマースの特徴は、文字どおりその圧倒的な配送スピードだ。作業員が倉庫の棚から注文商品をピッキングする際、倉庫内の最短ルートを表示する専用アプリを開発するなど、時間のロスを減らす工夫を所々に凝らす。

梅下直也ＣＥＯは「配送員が使うシステムも含めて開発を内製化しており、自分たちですべてオペレーションできるのが強みだ」と話す。

配送員を直接雇用するのも特徴だ。単発の仕事を請け負うギグワーカー型を採用しないのは、安定的に配送員を確保し、同時に接客などの配送品質を高めるためだという。

自社だけでの事業拡大にはこだわらず、他社との協業も広げる。22年5月にはフードデリバリー大手「ウーバーイーツ」と提携。ウーバーのネットワークを活用し、新しい顧客層の開拓を狙う。

今後は大阪や名古屋など、東京以外の大都市圏への進出も見据える。新たな進出先では「現地の小売事業者と提携して、クイックコマースのシステムを提供する」（梅下氏）ことも検討している。

（伊藤退助、岸本桂司）

【外食】

新たなビジネスモデルが続々登場

自動調理ロボットからデリバリー、クラウドサービスまで新しいビジネスモデルが登場している。

テックマジック（TechMagic）

【設立】2018年2月【資本金】22億5118万円【社員数】56人

ロボットで調理作業を自動化　飲食店の人手不足を解消

飲食店や食堂、食品工場向けの省人化ロボットを提供している。

飲食店向けには厨房の省人化を図る調理ロボットを開発。中でもパスタ調理ロボット「ピーロボ（P-Robo）」は、パスタをゆでることから、具材やソースの混ぜ合わせ、調理後の鍋の洗浄まで自動で行う。

2022年6月には、サントリーグループの飲食チェーン・プロントの一部店舗でこのピーロボが導入された。盛り付けはスタッフの手で行われるが、最速45秒で出来たてのパスタを提供することができる。8月には、ピーロボを導入した直営のスパイスヌードル専門店も立ち上げた。

業務ロボットは、食品工場や食堂での食器の仕分けや、盛り付けなどを自動化する。ただ、導入の初期費用は1000万円を超えるため、現在は味の素や日清食品など大手が主な顧客だ。

代表の白木裕士氏は「人々を調理から解放したい」と語る。調理ロボットは味の質にもこだわり、料理の専門家と調整を繰り返しながら、機械学習を進めている。

今後は、国内での実績を積み、海外展開も視野に入れる。人件費が高く省人化のメリットが大きい米国やシンガポールを検討している。すでに引き合いもあるというが、白木氏は「まずは目の前のことをしっかりとやる」と気を引き締めている。

タコムス（tacoms）

【設立】２０１９年5月【資本金】1億８９５６万円【社員数】１９人

デリバリー注文を一元管理　柔軟なサービス連携が強み

ウーバーイーツや出前館など複数のデリバリーサービスを1台のタブレットで管理できるシステム「キャメル（Camel）」を展開する。

飲食店の現場では、配達会社ごとに別々の端末を通じて注文が入るためスタッフが混乱することが多い点に目をつけた。一元管理できれば受注や集計の業務が効率化され、従業員の負荷を軽減できる。

２０２０年にベータ版によるサービス提供を開始し、２１年5月に正式リリースを行った。今では６０００以上の店舗に導入されている。

ただ、現在は同様のサービスを展開する企業が他業界からも参入しており、経営環境は甘くないという。生き残るには独自の強みが必要だ。

代表の宮本晴太氏は、「サービス連携の柔軟性が差別化のカギだ」と語る。飲食店側が自社開発のデリバリーシステムを持つ場合、サポート側との個別連携が必要となる。キャメルではプログラム同士をつなぐＡＰＩを活用することで導入までの期間を短縮。他社にはない独自の技術で勝負に乗り出す。

今後の課題は導入店舗数をどう増やしていくか。宮本氏は「まだまだ飲食店に全然知られていない。（注文管理業務の煩雑さから）デリバリーサービスに踏み込むことを躊躇している店舗もある」と言う。２０２２年2月にアンリ（ANRI）やクロステックベンチャーズ（XTech Ventures）から調達した3億円を元手に、飲食店への認知拡大に向けた投資を強化する方針だ。デリバリー注文を管理できていない店舗は多く、サービスの需要は十分にあるという。

ファビー（favy）

【設立】２０１５年7月【資本金】1億円【社員数】５０人（連続起業家）

飲食店の集客支えるＳａａＳ　アドテクをレストランにも

広告での認知獲得から顧客分析など再来店までを支える飲食店向けサービスを提供する。

地域やジャンルごとにお薦め飲食店を紹介するメディアも手がける。広告記事を発信する手段にもなるが、サイト訪問者の情報を集めるというより重要な役割も担う。記事の閲覧履歴を通じ、読者の特性に合わせた広告をほかのサイトやSNSに出稿できる。

同社は契約する飲食店に、サブスクやモバイルオーダーのシステムも提供。その契約状況や注文履歴と照らし合わせ、広告閲覧後、実際に購買につながったかどうかも捕捉する。

こうして各プロダクトで収集、連携した情報を基に、飲食店の経営層は、お店への関心が高そうな人を狙って広告を配信し、コストを最適化できる。また、顧客ごとに異なるクーポンを送ることで、新規客の再来店や、常連客の来店頻度向上もより効果的に促せる。現場側も各顧客の来店回数や前回の注文履歴、最終来店日などを把握できるため、接客の質を高められる。

こうしたマーケティングはＥＣなどの世界ではごく当たり前だが、飲食店ではまったく進んでいない。「アマゾンやベイスなどの登場でECが民主化したように、オンライン・オフラインの境なく行うマーケティングを、どんな飲食店も実現できる世界を目指している」（高梨巧CEO）。自社サービスを使った飲食店やフードホールも運営し、日夜現場の知見収集と実験を重ねている。

ゴールズ（Goals）

【設立】2018年7月【資本金】9000万円【社員数】41人

飲食店の仕入れを自動発注　AIが来店数や必要量を予測

AIがPOSレジに残る販売実績や気象データなどから、来店客数などを予測し、食材の発注や仕込みの量の算出、シフトの作成を行うクラウドサービス、「ハンゾー（HANZO）」を展開する。

飲食店が毎日30～40分かけている仕入れ業務を、AIの提案を微調整するだけの5分程度に短縮。精緻な予測で食材ロス削減にもつながる。

飲食店の販売実績は、消費者がいつ、何を、どれくらい求めているのか、というデータの宝庫でもある。佐崎傑CEOが問題視するのは、それが卸業者や食品メーカーといった業界の川上に生かされず、流通の各工程で食材が無駄になっている業界構造だ。

飲食店に、仕入れやシフト調整にかける時間を削減するツールを提供する一方、消費者の需要データを分けてもらい、AIの需要予測に生かしている。これらを活用し、将来的には卸、食品メーカーなど、食品業界全体にビジネスを広げようと画策する。

串カツ田中などの大手チェーンを中心に20〜30社と契約。今後2〜3年で1万店の飲食店へのサービス提供を目指す。課題について佐崎氏は「現在の社員数では問い合わせに対応しきれていない」とうれしい悲鳴をこぼす。

マチルダ

【設立】2021年1月【資本金】900万円【社員数】4人

総菜テイクアウトのサブスク　料理と拠点で「家庭感」を演出

幼い子どもがいる家庭の平日の夕食向けに、日替わり総菜のサブスクサービス「マチルダ」を提供する。利用者全体の約7割が、4カ月以上継続している。

強みの1つは「家庭料理感」へのこだわりだ。セントラルキッチン（CK）で調理する際は食感を残し、出来たてを意識。子ども向けに薄味、甘口に仕上げつつ、親も意識して辛み調味料なども添える。

もう1つはオンラインで完結しない点だ。商品の受け渡し場所には、固定のスタッフを配置。お使いに来た子どもは顔見知りのスタッフと近況を報告し合い、商品とは別に「おまけ」の総菜をもらえることもある。ほかの中食にないオフラインの価値を追求し、ファンを増やしてきた。

2022年7月には、CKを大型の施設に移転。メニューのデータベースも自社開発し、将来的には、献立の自動生成を目指す。また、仕込みの外部委託も検討するなど、規模拡大に向けて、製造の効率化に取り組んでいる。

現在、受け渡し場所は豊洲、新浦安、勝どきの3カ所のみだが、「5〜6年で100カ所まで拡大することを目指す」（丸山由佳CEO）。

人と環境に優しい企業へチャレンジ

コーヒー生産者の貧困解消から流行のスマート農業、代替タンパク質まで、人と環境に優しい企業が続々。

ティピカホールディングス（TYPICAHoldings）

【設立】2020年8月【資本金】15億0750万円【社員数】30人（連続起業家）

コーヒー豆の直接取引実現　零細農家の貧困解消支える

世界中の零細なコーヒー生産者と、ロースターと呼ばれる焙煎業者との直接取引が可能なオンラインプラットフォーム「ティピカ」を運営する。2020年8月の創業からたった2年で、59カ国でサービスを展開する。

コーヒー生豆は通常、コンテナ（18トン）単位での取引で、小規模なロースターは商社などを介する必要があった。ティピカは複数の小ロット注文をまとめることで、生産者から多種多様な豆を直接購入できる仕組みをつくった。

一方、中小規模の農家が7割を占める世界のコーヒー生産者は、国際相場に左右されずに、少量でも自ら値付けして売ることが可能になった。生産者の収入は従来の3～35倍まで増加し、貧困解消につながっているという。

共同創業者の後藤将CEOは「コーヒーのおいしさは万国共通で、ローカライズがほぼ必要ないビジネス。世界中に展開できる」と語る。30年までにアラビカ種の33%を直接取引できるようにし、農家約30万軒の貧困解消につなげることが当面の目標だ。

コンペイトウ（KOMPEITO）

【設立】2012年9月【資本金】3億1670万円【社員数】47人

設置型社食で新鮮野菜を提供　「健康を届ける」企業を目指す

従業員への福利厚生として注目を集める「設置型社食」。コンペイトウは、新鮮なサラダやフルーツを社食として届ける「オフィスでやさい」を手がける。

オフィスの冷蔵庫に届けられたサラダなどは、1つ100円から購入可能。企業が月額のサービス利用料と商品代金を負担するため、社員は低価格で購入できる仕組みだ。健康経営の取り組みとしての利用も増え、累計約4000拠点で導入されている。

代表の渡邉瞬氏は、前職のコンサルタント時代に農業分野での事業立ち上げを経験。その過程で、農作物の販路が農協などに固定化しているという業界の課題に直面し、起業を決意する。直販サイト運営などの試行錯誤を経て、今の設置型社食にたどり着いた。

今後は、健康状態の可視化サービスや食事アドバイスなどの展開も視野に入れる。野菜を取って実際に健康になったかどうかの効果測定まで補完する狙いだ。将来的には「野菜を届ける企業から健康を届ける企業になりたい」（渡邉氏）という。

KOMPEITO
（コンペイトウ）

モルス（Morus）

【設立】２０２１年４月【資本金】５０３０万円【社員数】４人

（大学発）「蚕」タンパク質を栄養源に　日本の養蚕業を残す目的も

蚕を原料化し、食用をメインに素材として供給する。人口増加によるタンパク質不足や、畜産業の環境負荷が注目され、大豆やコオロギなどの代替タンパク質が登場している。その中で、蚕を新たな選択肢に据える。

佐藤亮ＣＥＯは、大学時代にアメフト部に所属。筋肉のためのタンパク質摂取にこだわりがあった。卒業後、伊藤忠商事でアパレル業界に携わる中で、養蚕業と出合った。

国内では生産者が減少する養蚕業だが、産業保護のための補助金などに支えられている。ただ、シルクの需要は限られているうえ、質も量も、中国やインドなどの海外勢には勝てない。「せっかくの伝統産業が衰退してしまう」（佐藤氏）との思いがあった。

その後勤めたＶＣで、企業などに眠る技術の事業化やオープンイノベーションの事業に携わった。その経験から、蚕の研究で世界的に知られる信州大学の塩見邦博教授に声をかけ、共同創業に至った。

蚕は育てやすく、共食いもしない。環境負荷の低さを併せ持つ食用タンパク質として、今後は昆虫食への関心が高いＥＵやシンガポールなどをメインターゲットにした商品開発を行う予定だ。

アグリスト（AGRIST）

【設立】２０１９年１０月【資本金】１億円【社員数】２０人

ピーマンの栽培を自動化　スマート農業生産を実践

スマート農業を活用した新たな生産モデルの創出に取り組む。ＡＩを活用したピーマンの自動収穫機や、収穫機の作動に適したハウス施設など、これまで開発した機器類を使った自社農場での生産販売が今秋から始まる。

ピーマンなどのハウス栽培が盛んな宮崎県発のベンチャーだ。地元農家から協力を得つつ製品開発を進めてきた。当初は農家に機器などを提供するモデルを想定していたが、方針を転換。自社生産を事業の中核に据えることにした。スマート農業の社会実装を進めるには、自社で生産したほうが早いと判断したためだ。

２０２３年秋には、２棟目となる鹿児島県内のハウス施設がピーマンの出荷を始める。今後は国内展開を加速させるほか、中国など海外展開にも意欲を示す。齋藤潤一共同代表は「自社でスマート農業導入を成功させられれば、関連商材のパッケージ販売も可能になる」と語る。一方、パプリカやナスの生産も検討中だ。

ハウス施設の増築を重ね、２０２６年９月期をメドにＩＰＯの計画を立てる。調達した資金で海外などの事業展開を加速させ、各地の生産データを収集。ＡＩの精度を高め、生産効率向上につなげる考えだ。

（岸本桂司、山﨑理子）

AGRIST（アグリスト）

自動収穫機など活用したハウス施設（右上）と齋藤氏（左）

笑農和（えのわ）

【設立】2013年2月【資本金】1億9800万円【社員数】9人

水田の水管理を自動化　アジア地域にも展開

水田の水管理システム「パディッチ」を提供する。通信ＳＩＭを搭載したＩｏＴの一種で、スマホから遠隔で水位などを操作したり、自動制御したりできる機能も付いている。

稲作では、水位や水温をうまく調整できないとコメの収穫量や品質に影響が出てしまう。水管理は水田作業の4分の1を占める。コメ農家の大規模化が進む中、急拡大する水管理の省力化ニーズに対応するサービスだ。

創業社長の下村豪徳氏はもともとＩＴエンジニア。創業当初は他社のスマート農業サービスの導入コンサルなどを手がけていたが、現場の声を受けてパディッチを開発した。

パディッチは全国のコメ農家向けに提供しており、年内にも1000台に到達する見込みで、今後2年以内には3000台を目指している。2022年からはベトナムで実証実験を始め、今後は中国や東南アジアなどの海外稲作地への展開にも意欲を示す。

27年1月期をメドにIPOを目指しており、調達した資金は海外展開や製品開発に振り向ける考えだ。

【くらし】

豊かな生活へ 独自の視点で人気が高まる

独自の視点で生活をより豊かにする製品やサービスの人気が高まっている。

トラーナ

【設立】2015年3月【資本金】8億2682万円【社員数】32人（連続起業家）

知育おもちゃのサブスク　おもちゃで成長を促す

子供の成長に合わせた知育おもちゃのサブスクリプションサービス「トイサブ!」で注目を集めている。

「さまざまなおもちゃを試したいが費用がかかる」という子育て世代の悩みを解決するサービスで、利用者数は約1万4000人。国内の同業の中では断トツの人気を誇る。

月額約3000~4000円で2カ月に1度、5~6点の知育おもちゃが届く。単純に年齢で届けるおもちゃを決めない点がトイサブ!の特徴だ。同じ年齢でもできることや興味のあることは子供によって違う。そこで、毎月顧客から届くアンケート結果を基に1800種類のおもちゃの中からプランナーが最適なものを選んで発送する。

志田典道代表は、自身の子育て経験から「子供の成長や個性を伸ばす機会につながるおもちゃを提供したい」と考え、知育おもちゃに特化したサービスを開始した。

現在は主に6歳ごろまでを対象にサービスを展開するが、おもちゃで遊びながら科学などを学べるプランなど対象年齢の引き上げも検討している。

ペトコト(PETOKOTO)

【設立】2015年3月【資本金】5億8295万円【社員数】20人

体に優しいペットフード販売　ペット食以外にも多角展開

ペットの健康を考えた犬用のフレッシュペットフードを販売するペトコト。加えて、保護犬・猫と飼いたい人をつなぐマッチングサイトや、獣医師など専門家が執筆するメディアも展開する。「ペット業界のIT化が遅れていることに気づき、起業を決めた」(大久保泰介代表)。

ペットが「生きもの」から大切な「家族の一員」として認識される中、ペットへの支出額は年々増加。国内のペット市場規模は約1・7兆円と、市場としても注目度が高い。

ペットフードは、食材や調理過程が不透明なことが多いが、同社の製品では保存料・着色料などの添加物を使用せず、国産食材にこだわった。体重や運動量に合わせた適切な食事量の提案やSNS経由で獣医師に相談できるサービスも提供する。12パック(1・8キログラム)入りで約6000円と従来の市販品と比べて割高だが、ペットの健康への意識が高まる中、累計販売実績は開始2年で1000万食を超えた。

獣医療分野への参入も予定する。月会費制の動物病院を設立し、リアルでもオンラインでも診察を受けられる仕組みをつくる。他社連携も視野にペットとともに楽しめる旅行プランの開発など、事業の幅を広げていく計画だ。

ロードアンドロード（LOAD&ROAD）

【設立】2018年2月【資本金】3億2178万円【社員数】2人

世界初のIoTティーポット　気分に合わせてお茶を抽出

お茶とテクノロジーという異例の掛け合わせを実現するのがロードアンドロードだ。同社は、パーソナライズされたお茶を抽出できるスマートティーポット「テプロ（teplo）」を20年に発売。最新家電に関心の高い30代男性からお茶にこだわりのある50代女性まで幅広い層から支持を集めている。

テプロ本体に付いたセンサーで室温や飲み手の脈拍を測り、リラックスしたい、元気がほしいなどなりたい気分をアプリで選ぶと、自身の状態に合った最適なお茶を入れられる。テプロ専用の茶葉だけではなく、顧客の手持ちの茶葉でも同様に好みに合わせた抽出ができる。

茶葉の種類だけでなく、出したい味やカフェイン量によっても抽出時間など細かな条件が異なる。それらの条件を数値化することで、ソフトによるお茶のうま味や苦みといった味の制御を可能にした。

キリンホールディングスなど大手飲料メーカーの出資を受け、共同研究なども行う。河野辺和典代表は「茶葉や急須などを扱うお茶専門のアマゾンのようなプラットフォームをつくりたい」と語る。お茶に関わる農園やメーカーが世界へ商品を届けられる仕組みを構築する計画だ。


（兵頭輝夏、高野馨太、大竹麗子）

LOAD&ROAD
(ロードアンドロード)

河野辺氏は米国留学中に起業に踏み切った

変わる教育現場に対応

新科目やオンライン学習など変わる教育現場に対応したサービスが登場してきている。

スタディバレー（Study Valley）

【設立】２０２０年1月【資本金】1億８５００万円【社員数】１５人

高校「探究学習」のサポート　学校と生徒、企業をつなぐ

学校と生徒、企業の〝三方よし〟で稼ぐのがスタディバレーだ。

注力する「タイムタクト（TimeTact）」は、高校で必修化された課題解決力を身に付ける科目「総合的な探究の時間」に特化した学習・業務支援サービス。生徒は企業がつくったコンテンツから課題を選ぶ。

例えば貴金属メーカーのコンテンツでは、「どうしたら都市鉱山をより活用できるか」という問いが投げかけられる。これに対し、生徒が貴金属の製品への活用など、さまざまな視点で解決策を探る。

探究学習は指導法が確立されておらず、教育現場で構築するには負担が大きい。そこで、採用広報などの一環として生徒と接点をつくりたい企業から、経営課題などを基にした学習コンテンツを提供してもらうモデルを築いた。

田中悠樹CEOは「教室という閉じられた空間を社会に開くと同時に、探究学習を支えたい」と語る。約8万の生徒アカウント数を、60万まで拡大するのが最初の目標だ。

マナビー（Manabie）

【設立】2019年4月【資本金】24億円【社員数】272人（連続起業家）

ベトナムで学習サービス展開　国内外で教育をデジタル化

マナビーはベトナムでリアルとオンラインを融合させ、数学・英語・物理・化学の学習塾を展開している。

リアルの校舎数は5つで、高校生を中心に約1500人の生徒が籍を置く。例えば週3回の授業のうち、2回は教室に来てもらい、残りはオンラインで開講するなど、さまざまな組み合わせが可能だ。

オンラインのみの学習サービスも展開し、有料会員数は約1万人に上る。

本間拓也CEOは10年に、英国でオンライン教育ベンチャーを共同で創業した。学習サービスのユーザー数を順調に伸ばす中で、自律的に勉強を進められる生徒の少なさも痛感。「リアルの教室や先生の存在など、（従来型の）学習をサポートするシステムがとても重要なのだと思った」（本間氏）という。

教育熱が高く、優秀なエンジニアが多いベトナムの次には、巨大市場・インドへ進出する機会をうかがう。

また、自社サービスで磨き上げたシステムを基に、学習・校務支援サービスを日本の大手学習塾にも提供している。手段は問わず、さまざまな角度から教育機関のアップデートを図る。

（森田宗一郎）

【エンタメ】

ユーチューブ、SNSなどバーチャル空間も

現実空間だけでなく、ユーチューブやSNSなどバーチャル空間でもエンタメを提供するベンチャーが続々登場。

カバー

【設立】2016年6月【資本金】9億0260万円【社員数】385人（連続起業家）

「ホロライブ」運営事務所　世界一のVチューバーも

2Dや3Dのアバターを使って配信を行うVチューバー。多くの有名5・チューバーが所属する国内最大規模の事務所「ホロライブ」を運営するのがカバーだ。現在、

約70人の配信者が所属し、全体のチャンネル登録者数は約6700万人にも及ぶ。

日本人に限らず、外国籍のVチューバーも複数在籍しているのが特徴だ。Vチューバーの中で世界一のチャンネル登録者数を誇る「がうる・ぐら」もその一人で、世界中にファンが存在する。

「Vチューバーは海外人気の高い日本のアニメ文化に近いものがあり、(動画を)翻訳してもらいやすい。そのため海外でも視聴者を広げられる」(谷郷元昭社長)

バーチャルプラットフォーム事業として、自社開発したライブ配信用アプリを所属するVチューバー向けに配付している。ライブ配信であれば、動画編集が必要なく、簡単に動画を配信できる。

ライブ配信動画は1本当たり1時間ほどの長さになるため、当初は再生回数が増えず苦戦したという。それから徐々に認知が広がり、ライブ配信動画の名場面を抜き出した「切り抜き」動画の普及も人気を後押しした。

「もともとVR、AR領域でコンテンツビジネスを展開しようと考えていた」と話す谷郷氏。過去には、タウン情報サービスでも起業の経験がある。今後は海外展開をより強化するほか、メタバース開発にも注力していく予定だ。

ブレイブグループ（Brave group）

【設立】２０１７年１０月【資本金】２３億５０００万円【社員数】７０人（連続起業家）

ゼロからタレント育成　自社メタバースでIP展開

Vチューバー事務所の運営とメタバースのプラットフォーム事業を展開するのがブレイブグループだ。Vチューバー事務所としては業界3位だが、自社内製のメタバース構築エンジンを利用してオンラインの音楽ライブを開催するなど、テクノロジーに強みを持つ。

ユーチューブでは、世界的に有名なアニメソングの「歌ってみた」動画を投稿することで、海外のアニメファンを多く取り込んだ。実際に視聴者のうち５０％近くは海外だという。

また、ほかのVチューバー事務所と異なるのが、オーディションによってタレントをゼロから発掘・育成している点だ。そのため、「会社としては、エイベックスやソニーミュージックのバーチャル版に近い」（野口圭登代表）。

2022年5月にはビルボードインドネシアとの事業提携を発表するなど、海外でのVチューバー広報活動も進める。

野口氏は、大学在学中の2011年にSEOのコンサルティング会社を立ち上げ、16年にベネッセホールディングスにM&Aを実施。今の会社が2社目の起業となる。今後はメタバース事業に注力し、アバターで参加可能な「バーチャルスクール」も開校する予定だ。「リアルより面白い体験を提供することで、社会にいろんな生き方を広げていきたい」（野口氏）。

ラジオトーク（Radiotalk）

【設立】2019年3月【資本金】1億円【社員数】10人

話して稼げるエンタメ配信　音声配信を誰でも簡単に

誰でも気軽に音声配信ができるアプリを提供している。「話す」ことに特化したサービスで、配信者は顔を出す必要がなく、画面にはコメントやスタンプがあふれ、リスナーと交流できる。収録型と生放送の両方を使い分けられ、収録した音声を別の配信プラットフォームに同時公開することも可能だ。

中には、月に100万円以上の売り上げを出している配信者もいる。ラジオトークの収入で生計を立てる「ラジオトーカー」という職業まで生まれているほどだ。

音声配信サービスといえば、クラブハウスが一時ブームとなったが、違いはリアルかバーチャルかという配信者の特性にあるようだ。ラジオトークでは現実空間の人物とは異なるキャラクターとしての人格で活動ができることから、一般人でも気軽に配信できる点が特徴だ。そのため、中には90歳を超える配信者もおり、コンテンツの種類も多岐にわたっている。

大学で放送学科に所属していた井上佳央里代表は、「話す」という身近な創作手段が誰でも簡単にできるビジネスモデルとして確立されていないことを実感していた。インターネットやスマホの普及とともに場所や時間の制約がなくなったことで、音声コンテンツがビジネス化できると考えたという。

「飲み会や放課後のおしゃべりなど、コンテンツ化できるものは世の中にあふれている」と話し、今後もより多くのユーザーの獲得に取り組んでいく予定だ。

Radiotalk（ラジオトーク）

井上氏は社内ベンチャー制度を利用しサービスをリリース

ソジ（Sozi）

【設立】２０１７年９月【資本金】５億７７７６万円【社員数】１０人

新たな形の〝お布施〟を展開　クリエーターを直接支援

自分が応援したいクリエーターに1文字2円でファンレターを送れるサービス「オフセ（OFUSE）」を運営するのがソジだ。オフセに連動するサービスとして、クリエーター自身のプロフィールをまとめられる「POTOFU（ポトフ）」、制作したイラストを投稿できるアプリ「ｐｉｂ（picture in bottle）」も運営する。クリエーターにとって便利な機能が多く、幅広い年齢層から人気を集めている。

ユーザーはＩＤを用いることでこれらのサービスを横断的に利用できる。例えば、ｐｉｂでお気に入りのイラスト作家を見つけたら、直接オフセのサイトに移動してファンレターを送ることができる。

「日の当たらない人でも（創作活動を）続けられる世界をつくりたい」と話す宮村哲宏代表。社員の中にも現役クリエーターが複数おり、「クリエーターファースト」を掲げる。

オフセでは収益の90％をクリエーターに還元、10％を手数料として受け取る。ただ、今後この収益だけに頼らず、3つのサービスすべてを拡大させる計画だ。とくにp・ibでは世界展開も目指す。

シーナリーセント（SceneryScent）

【設立】2019年3月【資本金】1000万円【社員数】4人

香りで空間をプロデュース　独自装置を広告にも活用へ

「香りは人の行動や感情に影響を与える」と語る郡（こおり）香苗代表。劇場や展示会などイベント空間を香りで演出する事業を展開する。

展示のイメージに合う香りや、劇中のあるシーンを香りで印象づけたい場合など、要望に合わせてさまざまな香りを調香する。京セラドーム大阪でのファッションショーや大手飲料メーカーのイベントといった場所での香りの演出実績も持つ。こうした香り演出事業を専門とするのは国内で同社のみだという。

郡氏はアロマセラピストを経て、2019年に起業。強みは独自の香り演出装置にある。1秒で5メートル先まで香りを拡散でき、大きな空間でも瞬時に香りを広げることができる。10月には手のひらサイズの小型香り演出装置も発売予定だ。

小型サイズで狙うのはビジネス面での用途だ。「嗅覚を効果的に刺激することで、集客効果を高めたり、商品を印象づけたりすることができる」と郡氏が語るように、広告と組み合わせることで、嗅覚からも消費者へ訴求できる。

コロナ禍でイベントが制限されたことから、メタバース空間でのイベントに合わせて、現実でも香りを楽しめる新たな演出方法も計画している。

SceneryScent
(シーナリーセント)

郡氏がこだわる香り演出装置は21年にバージョンアップ

ソノリゴ（Sonoligo）

【設立】２０１８年９月【資本金】９０４６万円【社員数】３人

（大学発）イベントの月額制サブスク　集客難をサブスクで解決

「リアルイベントの月額制サブスク」を展開するソノリゴ。入場できるイベントはバスケットボール観戦や美術館観覧、温泉日帰り入浴などさまざまだ。全部で３つのプランがあり、料金に応じて、イベントの参加可能回数や同伴可能人数などが変わる仕組みだ。福利厚生のために利用する法人や自治体も増えている。

イベント主催者にとって新規客獲得は大きな課題になっている。高齢化が進む中で、幅広い層を取り込む必要があるが、それには大きなコストがかかる。ソノリゴのユーザーは、サービスを最大限利用するため、これまで参加したことのないイベントに出向くことが多い。結果的に新たな客層の獲得に結び付いている。

「文化を生活の当たり前にしたい」と言う遠山寛治代表。大学時代にドイツに留学し、美術館や音楽ホール、サッカースタジアムがにぎわう街の姿に感銘を受けたという。

チケット卸値の決定にダイナミックプライシングの仕組みを用いることで、需給を調整しつつ利益を確保している。

コロナ禍からの利用者数回復を目指す鉄道会社とも連携。鉄道沿線の会場へのイベント誘致にも一役買っている。

ミッシュ（mish）

【設立】２０２１年2月【資本金】１０万円【社員数】３人

有料動画サイトの運営支援　再生数を度外視できる場提供

月額課金制の有料動画サイトを構築・運営できるサービスを提供する。動画クリエーター自身がプログラミングの専門知識なしで本格的な動画サイトを作ることができる。また、会員数に応じて収益を上げられる仕組みで、クリエーターの活動を支える。

「よい動画を、再生回数を考えずに作れる場をつくりたい」。別府泰典ＣＥＯは、再生回数で収益が決まるユーチューブの仕組みに課題を感じこのサービスを始めた。実際、個人が通常の動画で再生回数を増やすのは難しく、ユーチューブでは過激な動画のほうが注目を集めやすい。ただ、マニアックで難しい動画は再生回数を増やせなくても熱狂的なファンを集めやすく、月額会員型のシステムに向く。

これまで作成された動画サイトは800以上あるが、「透析学習塾」や「古典文学」のようなニッチな内容を扱ったものが多い。

別府氏はＤｅＮＡで同社傘下のＶＣ、デライト・ベンチャーズの設立に取り組んだ後、共同創業者の村田紘司ＣＴＯとともに起業した。「デジタルクリエーターの旗艦店」として自分自身の世界観を体現できる場所を提供するのが理想だという。今後はサイトオーナーに対する分析データなどの提供にも力を入れていく予定だ。

（髙岡健太、大竹麗子）

【人材】

人材活用や就労多様化で広まるチャンス

人事データ分析や副業支援など時代に合わせたベンチャーが登場。地方の人的交流図るビジネスマッチングも。

ユートラスト（YOUTRUST）

【設立】2017年12月【資本金】5億8402万円【社員数】46人

新感覚転職のキャリアSNS「信頼」ベースにマッチング

現状の転職活動の仕組みは、本当に求職者のためになっているか？

岩崎由夏CEOのそんな疑問から生まれたのが、キャリアSNS「ユートラスト」

だ。

利用者はプロフィールを埋め友人とつながることで、企業から転職・副業のスカウトが得られる。投稿機能などを通じてキャリア情報の収集も行え、転職意欲が顕在化していない層も取り込む。

利用者数は現在10万人超。法人向けには成功報酬ゼロで採用をオファーできる月額課金サービスを展開し、これが会社の収益源になっている。

転職エージェントの場合、手数料をより多く支払う求人企業の案件を優先的に決めたいという力学が働く。DeNAの人事部門でそうした事情を見てきた岩崎氏は、「働く場がこうやって決まっていくことにモヤモヤしていた」。

ユートラストでは求人企業の利用も、あくまで担当者個人のアカウントがベース。オファーできるのは友人の友人までと範囲は狭いが、その分互いの価値観やニーズを理解しやすい。プロフィールには友人同士で紹介文を書き込めるため、そこから本人の信頼性を測ることもできる。

2021年8月には南場智子氏率いるデライト・ベンチャーズなどから4・5億円

を調達。南場氏へのプレゼンの際、「日本の人材流動性を大変革できる可能性があるのに、まだまだ意識が低い」と叱責されたという岩崎氏。現状大半を占めるネット業界を超えた利用者開拓を目指す。

ミーティー（Meety）

【設立】2019年5月【資本金】1億円【社員数】5人

企業とDX人材をつなぐ　カジュアル面談の新基盤

エンジニアなどDX人材の獲得競争が激しい。こうした中、採用面接の1つ前の段階で企業と人材が接点を増やすカジュアル面談プラットフォームを運営する。

ユニークなのが面談の中身だ。まず人材募集したい企業の担当者が面談のテーマを決め、希望者を募る。「プロダクト開発について話しましょう」「お薦めのラーメンを教えてください」「女性のキャリア論」など採用と直接関係のないテーマが大半だ。あくまで採用面接前の雑談という位置づけで、ユーザーは興味があるテーマに申し込む。

中村拓哉代表は「売り手市場の中、企業は潜在的な転職希望者との接点を広げたいと考えている」と話す。登録者はエンジニアやプロダクトマネジャーなどDX人材が多い。「いい会社があれば転職してもいい」というぐらいの温度感で、特定の分野に精通した人と話し知識量を増やしたい、というニーズが高い。

サービス開始は2020年10月。SNSでの発信力がある経営者らが使い始めた21年秋から一気に導入社数が増えた。コロナ禍でリモートワークが浸透したことも追い風に。今はメルカリやスマートニュースなど約1500社が利用する。人事担当者ではなく、採用を考えている部署の個人が面談することもポイントだ。

10月には、スカウト機能を付加した新型のベータ版をリリースする予定で、利用企業のさらなる拡大を狙う。

パナリット

【設立】２０１９年９月【資本金】３００万円【社員数】１８人

人事データの「財務諸表」作成　データクレンジングに強み

上場企業に対し、人的資本などの非財務情報の開示を求める動きが強まっている。人事情報を迅速に集計し、傾向を見える化することが求められる。

しかし人事情報はその機密性、閉鎖性ゆえにデータ整備が遅れ、後手に回っていることが多い。採用、給与、勤怠、評価などデータの所在が分散している点もデータ活用を阻害する要因だ。パナリットは、それらの人事データを統合・分析しＫＰＩを可視化するツール。組織の成長性、健全性など１００種類もの主要指標を標準装備した「人事の財務諸表」を提示する。

部署や年次などセグメントごとのドリルダウンもボタン一つで操作できる。既存のＨＲツールと連係できるうえ、独自のデータクレンジング機能でふぞろいデータを簡単に整理できる点も強みだ。

パナソニックやミクシィをはじめ多くの企業が導入しており、客観的なデータから離職や人事異動における真の課題を特定し、効果的な人事戦略につなげている。

小川高子CEOはかつてグーグル米国本社で人事戦略業務に従事した経験を持つ。同僚らとともにパナリットを立ち上げシンガポールを拠点に事業を開始したが、今は日本国内での展開に軸足を置く。本社機能も21年の持ち株会社制導入と同時に日本に移した。

「今後は業界・業種ごとのベンチマーク機能やAIを用いた将来予測機能も盛り込みたい」(小川氏)という。

フクスケ

【設立】2019年7月【資本金】500万円【社員数】8人

リスク診断や保険を提供 「副業解禁のリスク」を防ぐ

政府が副業を推進しているが、企業にとっては社員の過重労働や、情報漏洩などのリスクがある。こうした副業事故・トラブルを防ぐクラウド型副業制度構築サービス「フクスケ」を提供する。

社員が副業申請をしたときに副業のリスクを診断する。副業先の会社名や業務内容、契約期間などを社員が入力すると、収集している副業事故の事例や政府のモデル就業規則などを基に、事故リスクをA～Dの4段階で評価する。

さらに、診断を経て副業を行った場合、三井住友海上火災保険の損害保険を提供。情報漏洩などの事故に対し最大1000万円を補償する。

副業リスクに関する社員向けeラーニングに加え、副業先で安全配慮が確保されているかの確認作業も代行。利用料は月5万円からで、従業員数や診断数に応じて変動する。

人材会社などで働いていた小林大介代表がニーズに気づき、2019年に起業。現在は三菱地所やカルタホールディングスなどが利用する。

月100件のリスク診断やトラブル情報の蓄積を生かし、リスクマネジメントコンサルティングも展開。「公務員の副業事故も散見されるため、自治体からの引き合いも多い」（小林氏）という。

スクー（Schoo）

【設立】2011年10月【資本金】8億5846万円【社員数】124人

オンライン学び直しサービス　大学などの教育機関でも展開

社会人のリスキリング（学び直し）が広がる中、法人や個人向けのオンライン学習サービスを運営する。「デジタルリテラシー」や「AI時代の人間力」など約7000もの講座がそろう。

ライブ授業は、チャットで講師の質問に答えたりほかの受講生と意見交換したりできる。大勢と一緒に学んでいると感じさせ、学びのモチベーションを高めるのが狙いだ。導入企業は8月時点で2600社と1年半で1000社以上増えた。旭化成や丸井グループ、自治体などが利用する。

学び直しが注目される背景には企業の危機感がある。森健志郎CEOは「DXなど外部人材の獲得競争が激しくなり、社内の人材育成に注力しなければ企業が生き残れない時代になった」と説明する。

今、注力するのが大学など教育機関向けサービスだ。コロナ禍で浸透したオンライン授業だが、教員は準備に時間がかかり、学生の理解度を把握しにくいという課題がある。

2021年に立ち上げた現在のプラットフォームは、準備から授業まで1つのツールで一元管理できる。出席率やテスト結果といった学生ごとのデータを蓄積し、学習指導にも生かせる。すでに近畿大学や立命館大学などとアドバイザリー契約を結んでいる。

テイラーワークス（Tailor Works）

【設立】2018年5月【資本金】2億1090万円【社員数】24人（連続起業家）

地域経済のマッチングアプリ　自治体や地銀が相次ぎ導入

地域の社会課題を共有・解決するコミュニティアプリ「テイラーワークス」を提供する。

アプリでは、全国の事業会社や地銀、自治体がコミュニティオーナーとなり、イベントや課題相談を通じたビジネスマッチングの機会をつくる。事業課題を抱える企業や起業家などがコミュニティに参加し、そのネットワークを通じてビジネスマッチングを実現する。利用料はコミュニティオーナーが支払うスキームだ。

現在、自治体や地銀が主宰する42のコミュニティがあり、登録ユーザーは約2万人。静岡銀行のコミュニティでは、ドローンの画像解析を使ったブロッコリーの収穫予測システムの実現に一役買った。

「地域、業界・業種、テーマを横断的につなぐ産業エコシステムの構築が目的」と難波弘匡社長。共同代表の山本浩之会長とは、山本氏が経営していたマーケティング会社時代からのビジネスパートナーだ。17年に事業をティーケーピーに売却後、同社を設立した。

地方を盛り上げたい地銀などが熱視線を送っており、静岡銀行系のVCやきらぼし銀行などが出資する。そして将来はグローバル展開も視野に入れているという。

ミーブ（miive）

【設立】2020年7月【資本金】7億円【社員数】7人

企業向け福利厚生サービス　プリペイド型で気軽に

日頃から使える福利厚生サービスを展開する。専用ポイントが入ったプリペイドカードを発行し、導入企業が使い道や付与額を設定する仕組み。ビザ（Visa）加盟店が対象になるため選択肢が多いのが特徴だ。同社の収益源は、企業からの月額利用料とカードの利用手数料となる。

中小企業やベンチャーが、福利厚生の制度設計から効果測定まで自前で行うのはハードルが高く、需要が高まっている。導入企業では、新入社員のウェルカムランチや在宅勤務の食事代補助など、食事関連の利用が大半だ。業務に関連した書籍代、ベビーシッターなど子育て支援に使う企業もある。

起業のきっかけは、栗田廉代表が就職活動で訪問した企業の福利厚生に疑問を感じたことだという。「観光地の宿泊施設やテーマパークの割引クーポンなど特別な日に限ったものが目立ち、日常的に使えるものが欲しかった」（栗田氏）。導入企業での利用率は高く、調査では9割以上の社員が使用している。

企業にとっても、システムで利用履歴が確認できるため経費処理の手間が省ける。既存の福利厚生サービスからの乗り換えも増えているという。

2022年7月には5・8億円を調達、エンジニア採用とプロダクト開発に充てる計画だ。

（杉山直隆、長瀧菜摘、ライター：国分瑠衣子、ライター：大正谷成晴、堀尾大悟）

ビッグデータ化の拡大で新たな飛躍

マーケティングの主戦場がデジタルに移り、ビッグデータが重要に。企業を支えるサービスが広がっている。

リチカ

【設立】2014年10月【資本金】6億3181万円【社員数】89人

ネット広告動画を簡単作成　プラットフォームと強く連携

ネット広告の運用現場では、クリック率などの数値を見ながら動画などの素材を調整するのが大きな負担だ。広告主が内製することも多い中、何パターンもの素材を制作するには手間がかかるし、外注する時間もない。

「リチカ　クラウドスタジオ」は動画広告を簡単に作れるＳａａＳだ。広告主が自社サイトのリンクを読み込ませると、サイト内の画像などを組み合わせて自動的に動画素材を作成する。サイトの文字情報から、文脈に合った素材を作れる機能も開発中という。利用企業は大手を中心に４００社以上、毎月2万本の動画素材が作られている。

フェイスブックやヤフー、ＴｉｋＴｏｋなど、広告の配信媒体側とも連携。配信面ごとに効果の高い素材パターンを洗い出し、テンプレートの形で提供する。複数の媒体での運用状況をリチカの画面上で一括管理することもできる。

松尾幸治ＣＥＯは当初制作会社として起業したが、顧客対応の工数が多く、素材制作の自動化に商機を見いだした。「クリエーターがやらなくていいことを自動化する。誰にどんなメッセージを届けるかというブランディングにこそ、時間を費やすべきだ」と話す。

トリドリ（toridori）

【設立】2016年6月【資本金】7億0100万円【社員数】125人

インフルエンサーにPR依頼　個の発信と企業をつなぐ

SNS上で活躍するインフルエンサーのサポート事業を各種展開しているトリドリ。収益の柱はインフルエンサーと企業をマッチングさせるマーケティングプラットフォームだ。

近年、テレビ、新聞などのマス広告が低迷。若年層を中心にSNSによる情報収集が広まる中、インフルエンサーの存在感が増している。もともとインフルエンサーだった中山貴之CEOは、そんな「個」の発信が影響力を持つ時代の到来を予見し、2018年に同事業をローンチした。

プラットフォームには、約3万人のインフルエンサーが登録し、広告主は1万社以上。「月間約2万の案件が成立している」（中山氏）という。

広告主はグルメ、ビューティー、アパレルなど幅広い。料金は、月額4万円から。

自社商品のPRを担うインフルエンサーを直接募集し、投稿を依頼できる。インフルエンサーはサービスの無償提供を受けてSNSで口コミを投稿。報酬を支払ったうえで投稿するプランや、ユーチューブ作成依頼のオプションもある。

2022年2月に三菱UFJキャピタルなどから12億円の資金を調達し、インフルエンサー支援事業の強化を目指す。

ウェッド（WED）

【設立】2016年5月【資本金】12億円【社員数】26人

レシート買い取りアプリ　新プロジェクトも構想中

スマホでレシートの写真を撮ると、瞬時に1〜10円で買い取るアプリ「ワン（ONE）」を2018年6月にリリースしてから4年。累計ダウンロード数は450万、レシート総数は4億枚を超えた。

写真から読み取った購買記録を消費データとして企業に提供するなどして収益を得

ている。利用者数は足元でも順調に伸び続けているという。

ただ、山内奏人代表は「いつまでもレシート買い取りアプリのままでは駄目。買い物が楽しくなるような抽象的な価値を考えたい」と話す。

7月にはその一環で、ONEのアプリ内からオンラインで買い物をすれば最大で購入金額の12％がもらえるサービスを始めた。利用者にメリットを提供しつつ、販促をしたい企業とつなぐ。

山内氏は、「アプリの面積は有限で、ONEにはもう大きな改良余地は残されていない」とも考えている。

そこで今、新プロジェクトに取り組む。詳細は未定だが、山内氏は「ONEの延長線上にあるようなアプリになると思う。面白いものになるはず」と自信を見せる。

（中川雅博、奥田　貫、ライター：百瀬康司）

【金融】

クレジットカードから保険・社債・ＤＸまで

金融機関向けのＤＸから、個人向けの新たなクレジットカードまでさまざまな課題を解決するサービスが続々。

シンプルフォーム

【設立】２０２０年１０月【資本金】８億８７９０万円【社員数】１６人

法人調査の自動化サービス　３０秒でリスク度合いを判定

金融機関など向けに、法人調査を自動化するクラウドサービスを手がける。法人名を入力すると、瞬時にネット上からあらゆる情報を検知して収集する。

そこに、日頃から自治体への情報公開請求などを使って人手で集める独自情報を掛け合わせ、30秒でリスク度合いや実態判定を報告する。

単に、手間のかかる法人調査の代行になるだけではない。このスピード感と情報の深度の付加価値が売りだ。

企業秘密のために詳細は明かせないが、例えば、企業の健全な成長性を測る重要指標の1つである従業員数の推移を、とある公的情報を基に高い確度で推定して報告する。

銀行口座の開設をはじめ、金融以外も含む多くのサービスがオンラインで完結する「非対面化」が急速に進む中、法人調査の迅速化や高度化は欠かせない。そこに大きなチャンスを見いだしている。

田代翔太代表は「非対面化は効率面でよく語られるが、裏側のチェックがしっかりあってこそできる。そこを進化させていく」と力を込める。

アップサイダー（UPSIDER）

【設立】2018年5月【資本金】87億9400万円【社員数】33人

成長企業のための法人カード　狙うは企業間決済のインフラ

スタートアップ向けを中心に、法人カードを発行するのがアップサイダーだ。カードは法人全体で最大月数億円もの限度額が付与できる。部署や担当者ごとにカードを発行し、利用用途や限度額の設定も可能だ。2020年9月のサービス開始以来、アクティブ利用企業は数千社に上る。決済額は月間20～30％増加。利用明細が一元管理でき、経理部門の事務作業効率化にも寄与する。

宮城徹代表は、新卒でマッキンゼーに入社。起業の契機は、入社3年目にロンドンオフィスに異動したことだ。金融サービスが加速度的に進化する姿に触発され、起業を決意した。限度額が足りず成長投資ができないというスタートアップの声を受け、法人カードに着目した。

ただし、法人カードはあくまで通過点。見据えるのは、企業間決済のインフラ整備だ。2022年4月、クレディセゾンと共同で銀行振り込みをカード決済で代替できるサービスを開始した。生産性向上のほか、支払いサイト延長の効果も見込める。「企業の挑戦を後押しする金融プラットフォームをつくりたい」(宮城氏)。

ホカン(hokan)

【設立】2017年8月【資本金】4億5000万円【社員数】42人

保険営業の情報を一元管理　顧客ごとに追加提案できる

複数社の保険商品を取り扱う乗り合い型の保険代理店向けに、営業を効率化するクラウド型の顧客・契約管理サービスを提供する。

保険は不適切な勧誘を防ぐため、顧客の意向に沿う商品を十分に説明して提案することが義務づけられている。

保険募集人は数多くの情報を記録・保管する必要があるが、契約情報、営業活動、顧客対応などの記録は、さまざまなシステムや紙でバラバラに管理されがちだという。

これに対し、ホカンのクラウドは必要な情報を適切かつ一元的に管理できる。例えば、客の意向把握なら、客にアンケート形式で行った質問の答えを入力することで、むらなく適正な形で情報を収集できるといった具合だ。「見込み客との商談中」「既存客の満期更改」「給付の支払い」などの段階別に、顧客情報の抽出もできる。

尾花政篤代表は「国内の保険市場が縮小する中で競争は激化している。段階に合わせてフォローを行い、追加提案することも重要だ」と語る。目下の大きな目標は、数年以内の上場だ。

シーボ証券（Siiibo 証券）

【設立】2019年1月【資本金】9億9473万円【社員数】20人

社債に特化したネット証券　個人投資家にも門戸を開く

社債専門のネット証券だ。取り扱うのは勧誘対象が50人未満の「少人数私募債」。

通常の社債に比べて条件設定が柔軟で、数千万円程度の少額発行も可能だ。同じ小口投資のソーシャルレンディングなどと比べて、税制面で優れる。業者への規制も厳格で、デフォルト時には投資家が保護されやすい。2021年3月のローンチ以来、口座開設数は700半ば。一定の金融資産を持ち、投資経験のある投資家が多いという。

成長性はあるが銀行融資を組みにくい企業にとっても、機動的な資金調達が可能だ。まずIR資料を掲載し、投資家から希望条件を募る。審査から最短1カ月で発行に至る。2022年8月上旬時点で7社が発行、金利は2〜6・5%、期間は2〜4年とさまざま。東証プライム上場企業を含む70社以上が資料を掲載している。

小村和輝代表は、元外資系の証券マン。購入後の値動きに一喜一憂する必要がない社債だが、ほぼプロ投資家の間で流通していた。個人投資家にも投資機会を提供しようと起業した。今後は発行ペースを現在の月1件から加速させるほか、業績連動や新株予約権付きなど、社債の多様化を模索する。社債投資の門戸を開き「債券市場を民主化したい」(小村氏)。

ナッジ

【設立】２０２０年2月【資本金】２６億２４００万円【社員数】１５人（連続起業家）

若者向けのクレジットカード　ポイントの代わりに「クラブ」を応援

スマホ決済時代にあえてクレジットカード市場を攻めるのがナッジだ。沖田貴史代表は、一橋大学在学中に電子マネー開発企業の立ち上げに参画し、上場経験もある。「スマホ決済よりもカードが普及している国は多い。日本でもカード市場はまだ伸びる」（沖田氏）。

念頭に置くのは保有割合が低い若者で、返済方法に特徴を持つ。口座引き落としではなく、セブン銀行のＡＴＭでの支払いか銀行振り込みを採用。「資金繰りの厳しい若者にとって、いつ、いくら引き落とされるかわかりにくいのは不安」（沖田氏）だからだ。限度額は月１０万円だが、決済翌日から返済可能で、返済した分、限度額も復活する。支払い確定日の翌々月から利息が発生するが、アプリで通知することで返済忘れを防ぐ。

ポイント合戦の様相を呈するカード業界で、ナッジは「クラブ」を訴求する。スポーツチームやタレント、慈善活動など約１００ものクラブが存在し、カード利用者は応援したいクラブに所属。決済額に応じて特典が得られる。

今後はカード決済額の増額や、融資や運用など銀行業務の拡大を検討。２３年に単月黒字化を目指す。社名が象徴するように、カードに尻込みする若者の背中を押す。

（一井　純、奥田　貫）

【法務】

リーガルテックで新次元の法務サービス

法律情報検索サービスや契約書管理クラウドなど「リーガルテック」ベンチャーが多く出ている。

リーガルスケープ（Legalscape）

【設立】２０１７年9月【資本金】１００万円【社員数】９人

（大学発）法律情報検索サービス　東大発「法律版グーグル」へ

法令や判例、省庁のパブリックコメント、書籍などの法律情報を網羅した検索サービスを開発し「法律版グーグル」を目指す。弁護士など法律家は現状、過去の判例や専門書など膨大な〝紙〟の資料から情報を集める。だが、情報収集に時間がかかるうえ、探し漏れのリスクもあった。この課題をデジタル技術で解決する。

大きな特徴が「逆引き機能」だ。例えば法令を調べると、その条文を解説した書籍にジャンプできる。閲覧中の文献を引用した別の文献の検索も可能だ。津金澤佳亨COOは「法律の世界は、1つの文献だけではなく、その文書を引用する別の文献を読むなど網羅性が重要」と説明する。

収録書籍は企業法務を中心に1200冊超。利用者の大半は大手企業の法務部門や、弁護士事務所だ。5大法律事務所のうち3つが導入する。

キーワードの関連性や類似性を分析する「自然言語処理」専門のエンジニアが在籍するのも強みだ。日弁連法務研究財団による民事判決オープンデータ化の検討プロジェクトチームにも参画し、判決文の匿名処理技術を検証する。

ハブル（Hubble）

【設立】2016年4月【資本金】4億8501万円【社員数】23人

契約書管理クラウド　Wordや電子署名と連携

コロナ禍で広がった電子契約。この1つ前の段階である契約書作成、管理をクラウド上で行い、契約業務を一本化するのがハブルだ。

契約書作成は法務部門など複数の部署が関わる。差し替えが多く、社内で情報共有しきれないなどの課題があった。

強みは親和性の高さ。契約書作成に使われることが多いＷｏｒｄに加え、複数の電子署名サービスやコミュニケーションツールと連携できる点だ。クラウド上に修正情報が蓄積されるため、どんなやり取りを経て契約書を作成したのか経緯やポイントがわかる。

２０１９年のサービス開始から3年弱で導入社数は２００超。解約率が高くなりがちな月額課金だが、２０２２年7月時点で解約率はわずか０・３％だ。早川晋平ＣＥＯは「契約書作成までの過程がわかることは、取引先との交渉の材料にもなりうる」と説明する。

次の挑戦は、取引先と契約の合意形成に至るまでの過程がわかるようにするプラットフォームの構築だ。年内にベータ版の提供を目指す。２０２２年4月に約６・５億円を調達、契約業務のＤＸを進める。

（ライター：国分瑠衣子）

不動産流通へもAIの波

過熱する不動産市場では物件売買から工事会社とのマッチングまでITで効率化を図るサービスが活況だ。

テラス（TERASS）

【設立】2019年4月【資本金】13億3000万円【社員数】28人

不動産売買の仲介サービス　200人超の専門家が提案

中古住宅の売買を検討している利用者と、不動産仲介業を営む個人事業主（エージェント）とのマッチングサイトなどを運営。200人超のエージェントが所属し、サイトを通じて締結された売買契約は700件を超える。

無数にある中古物件の中から、購入希望者の人生設計や条件に合ったものを提案するには、経験とノウハウが不可欠だ。だが、仲介業者を通じて、利用者がそうした担当者に巡り合うのは難しい。

テラスの運営するサイトでは、希望条件を登録するだけで、複数のエージェントからの提案を受けられる。

江口亮介CEOはもともとリクルートで不動産情報サイト「SUUMO（スーモ）」の広告営業などに従事。売買仲介でも実力のある個人が活躍できる場所を提供するため、起業した。江口氏は「サイトを通じて年間で1億円を稼ぐ人もいる」と話す。

現在は、書類作成や顧客管理などエージェントの業務を支援するクラウドサービスも提供。今後は利用者数を増やしつつ、AIなどを活用してエージェントが働きやすい環境を整えていく方針だ。

クラッソーネ

【設立】２０１１年４月【資本金】９億５２９８万円【社員数】５５人

解体工事のマッチングサイト　口コミで顧客満足度も可視化

全国１６００社超の解体工事会社と利用者をマッチングするサイト「クラッソーネ」で注目を集めている。

解体工事には多額の費用がかかるうえに相場や判断基準も曖昧で、消費者が最適な工事会社を選ぶのは難しい。同サイトではそうした情報の非対称性を解消する。物件情報を入力すると工事内容などの条件に基づき、利用者に合った工事会社をアルゴリズムが提案。オンラインで複数の解体工事会社から一括見積もりを受け取れる。また、サイト上では、解体工事会社の工事品質や対応マナーなどの評価も確認できる。

ハウスメーカーや工務店などの元請けを経由せず、解体工事会社に直接発注できるため、工事費用も抑えられる。川口哲平ＣＥＯは「戸建て住宅の解体工事なら、１割強のコストダウンになる」と語る。

社会問題となっている空き家の処分も一気通貫で引き受けており、提携会社とともに売却や相続も支援。今後はサービスの利用者を増やしつつ、全国の自治体と連携して空き家問題の解消を目指す。

すむたす

【設立】2018年1月【資本金】1億円【社員数】23人

マンション買い取りサービス　AIが売却価格を瞬時に査定

オンラインですべてが完結する、中古マンション買い取りサービス「すむたす買取」などを展開する。

仲介手数料は無料。内見対応やリフォームも必要なく、価格査定から売買契約までの手続きがオンラインで可能だ。

年間100件程度の物件を買い取っている。買った物件はリノベーションしたうえで、自社サイトで売る。

マンションを売却するうえで悩ましいのが、いつ・いくらで物件が売れるのか、すぐにはわからないことだ。通常、売却を終えるまでにはおよそ8カ月かかり、その間は不動産会社や買い手と何度もやり取りしなければならない。

すむたすではAIがマンションの売却価格を瞬時に査定。物件情報と過去の成約価格、ハザードマップなどのデータを基に値付けし、最低保証価格を算出する。「査定は24時間以内に終わるため、希望すれば最短2日でマンションを売却できる」と角高広社長。

AIの査定を踏まえて担当者が現地調査。眺望や周辺環境などデータではわからない情報も価格に反映する。

現在は首都圏でサービスを提供。2022年内には大阪と名古屋への進出も目指す。

（佃　陸生）

問題が山積の物流業界に変革を

長時間労働や低賃金、そこからくる人手不足など問題が山積する物流業界。ＩＴやＤＸで業界を救えるか。

アセンド（ascend）

【設立】２０２０年３月【資本金】２億２９００万円【社員数】１５人

運送会社向け運送管理支援　運送会社に「交渉力」を

「徹頭徹尾、物流業界の役に立ちたい」

こう力強く語るのは、アセンドの日下瑞貴社長だ。運送会社向けに運送管理業務全般を支援するＳａａＳ「ロジックス」を提供している。案件の受注から配車、請求まで簡単にできるサービスで、月額１０万円から利用できる。

物流業界は６万社超の運送会社が支える。だが、多くは中小・零細企業で、荷物を運ぶ業務自体はどの会社も変わらないため差別化が難しい。荷主に言われるまま赤字で仕事を引き受けるケースもある。

そこで、日下氏は荷主に対する交渉力を持つことが重要と考える。ロジックスを使えば業務を効率化しつつ、どの車両がどのコースをどれだけ走ったか、車両別の運行時間やコース別の収益もわかる。

足元では内閣府の実証実験事業者として、荷物の発送・到着の地域、種類によってＡＩが価格を算出する変動価格設定エンジンの開発を進める。適正料金を運送会社が提案できるようにするのが目的だ。

運賃を上げ、人材を確保し、成長するサイクルを業界は構築できていない。アセンドは個々の運送会社でなく、あくまで業界全体の課題解決を支援し、成長する方針だ。

キューバス（Cuebus）

【設立】２０１５年2月【資本金】1億９９５０万円【社員数】６人

リニア式の立体ロボット倉庫　還暦経営者の新たな挑戦

リニアモーターを活用した都市型立体ロボット倉庫「キューバス」を中心に展開する。倉庫のピッキング作業を効率化するシステムだ。

リニアモーターを内蔵したタイルの上を、荷物を載せたトレーが走行する。出庫指示を出すとパズルのように複数のトレーが動き、目当ての荷物を目の前まで運んでくれる。

２０２２年還暦を迎えた大久保勝広代表はエンジニア出身でソフトウェア会社を経営してきた。アパレル業界に携わる中、「現状の仕組みでは増え続けるＥＣ需要に対応できない」とアイデア実現に乗り出した。3月にはＪＲ東日本グループと共同で駅構内の倉庫と手荷物預かり所での実証実験を実施。本格的に販売に乗り出す段階を迎えている。

今後はピッキングに加えて梱包など出荷作業全体の効率化を目指す。街中に拠点をつくり、ドライバーが荷物を取り出す。もしくは顧客が自ら引き取るなど再配達の効率化にも役立てたい考え。物流業者との連携も進めていく。

「ソフトとハードを組み合わせれば日本企業は強い」(大久保氏)。グローバル展開を目指す、ベテラン経営者の新たな挑戦が始まった。

Cuebus（キューバス）

大久保氏とキューバスの倉庫。「高さ」を活用できるのも特徴だ

プレックス

【設立】2018年4月【資本金】500万円【社員数】62人

物流ドライバーの採用を支援　レガシー業界の課題解決を図る

物流ドライバーなどの採用支援サービス「プレックスジョブ」を提供する。企業が求職者にアプローチする形に加え、人材紹介も展開。採用決定時に成功報酬を受け取るモデルなので、掲載は無料だ。現在は約4000の事業所が利用。求職者は約16万人で、月7000人のドライバーが登録する。

EC需要の増加などで、運送会社にとってドライバー確保は重要な課題。ただ、有名求人サービスに情報を載せても反応がないケースもある。しっかりしたマッチングができていないからだ。

ドライバーといってもECの配達から冷凍・冷蔵トラックの運転まで得意分野はさまざま。そこでドライバーの年齢や経験、免許情報などを細かく登録。運送会社側も車種や運ぶ荷物の種類など仕事内容を詳しく掲載するなどでミスマッチを防ぐ。ユーザーの声を基に、求職者が定着する仕組みを磨き続けてきた。
代表の黒崎俊氏は「物流以外でもエネルギー、建設など伝統的な業界は情報量が少なく生産性が上がりにくい。それを解決したい。業務支援ツールなども広げていく」と語る。レガシー業界の課題解決を成長の原動力とする方針だ。

（佃　陸生、田邊佳介）

「GAFAMと対等に戦うための政策が必要」

メルカリCEO・山田進太郎

フリマアプリ大手メルカリは、創業の翌年に米国に進出。日本での月間利用者数が2000万人を超える中、米国でも何とか500万人規模まで積み上げてきた。岸田文雄政権が打ち出したスタートアップ支援政策では、起業促進や創業期の企業に対する手厚い支援が想定されている。ただメルカリの山田進太郎CEOは、世界で成長を目指すベンチャーの後押し策も重要だと、自らの経験から痛感しているという。

——岸田政権のスタートアップ支援政策をどうみていますか。

新しい産業を育てようとしたときに、スタートアップが重要な存在になったということだと思う。国の姿勢は歓迎すべきだ。僕自身も政治家などから業界の課題について聞かれることが増えた。（起業や投資の促進という分野でも）改善すべき点は多く、政策としてどんどん取り組んでほしい。ただ、僕らが抱いている課題感と認識が異なる部分もある。

例えば人口減の中、日本の企業や経済の成長には海外での成功が不可欠。だからこそ僕らも海外で頑張っているが、今はいろいろな障害がある。それらが解消されれば、皆が挑戦しやすくなるだろう。

――具体的にどんな障害が？

大きく3つある。まずは「出国税」だ。1億円以上の有価証券を持つ人が海外に移住する場合などに、その有価証券の含み益に対して所得税を課税する制度で、もともとは株式売却益などに税金がかからない地域に移住してから資産を売ることで課税を逃れるのを防ぐ目的で作られたものだ。

ベンチャー創業者が海外を攻めるために外国に転居しようとする場合、所有する自社株を売らなければ高額な所得税を支払わされる事態が起こりうる。創業者だけでなく幹部を派遣する場合も、ストックオプション（役員や従業員に付与する新株予約権）の価値が上がっていれば引っかかる可能性がある。

ソニー創業者の盛田昭夫さんはかつて米国に渡り、現地の人脈をつくって製品を売れるようにした。そういうことが今、現実的に難しくなっている。周囲の起業家からも「行きたいけど難しい」という声を聞く。ある程度の規模の会社なら弁護士に相談して解決できなくはないが、めちゃくちゃ大変。こんなことを考えずに挑戦できるようになるべきだと思う。

2つ目が、株式報酬の一種である「RSU（Restricted Stock Unit＝譲渡制限付き株式ユニット、一定の在籍期間後に株式が付与される権利）」が日本では非常に使いづらいこと。ストックオプションを使っている日本企業が多いが、今や世界標準はRSUだ。

――なぜRSUが重要に？

日本のメルカリで働くエンジニアのうちすでに半分以上は外国人だが、彼らにはRSUのほうがわかりやすく、優秀な人材の獲得競争の観点で非常に重要だ。

ストックオプションは書類上の手続きが煩雑だ。付与した社員全員に権利行使書を提出してもらい、行使価格分の金額を振り込んでもらう必要がある。管理の工数は膨大で、より多くの社員に付与したくても現実的に難しい。RSUは株を発行し、それを対象者に渡せば終わりだ。仕組みとして非常にシンプルで、本来は株式報酬として使い勝手がよい。

だが、日本では金融商品取引法の開示規制により、（RSU制度による新株発行が1億円以上になる場合は）有価証券届出書を発行し、自社が保有するインサイダー情報を記載しなければならない。事業の変化が大きいベンチャーは公開できない情報を有していることが多い。メルカリでも代わりにキャッシュで支払わざるをえないことが続き、利用を断念した。

——3つ目の課題は何でしょう。

ＧＡＦＡＭ（グーグル、アップル、フェイスブック〈現メタ〉、アマゾン、マイクロソフト）と呼ばれるビッグテックとのイコールフッティング、つまり対等な立場で競争できる環境の整備だ。

彼らは（さまざまな領域で）独占的な地位を築いていて、ベンチャーに対抗して無償でサービスを提供したり、脅威となる企業を買収したりしながら、さらに優位に立つ。ＯＳ（基本ソフト）やクラウドなどのインフラを押さえており、僕らはその上でビジネスをせざるをえない。だからこそ、もう少しフェアに競争できる環境が必要だ。欧米ではすでに規制の動きが出ているが、日本では「仕方がない」というムードもある。

いちばん重要なのはアプリストアだと思う。アプリを展開する事業者は事実上、アップルかグーグルのどちらかを使わなければならない。例えばアプリ内でデジタルアイテムを売る際はアプリストアの決済システムを使う必要があり、約３０％の手数料がかかる。ただここでいう「デジタルアイテム」が何を指すのかが曖昧だ。

――メルカリにとっても大きな課題になっているのでしょうか。

僕らはコマース（物販）なので正直なところあまり関係はない。（ＮＦＴなど）デジタルアイテムを扱う新しい事業をやるときには考えなければならないが、現状、関係ないからこそ言える。アプリストア上で大きなビジネスをしているのはゲーム業界だが、当事者は声を上げづらい面がある。

ビッグテックがやっていることは、営利企業として当然のことだと思う。ただ、アプリビジネスもクラウドも巨大になった。中小・新興企業や消費者の利益になっていないという見方が広がり、とくに欧州では問題意識が強い。独占禁止法はそのためにある。

日本はゲームや漫画が強い。でも作っても作っても３０％の手数料を取られ、残りの７０％の中で出版社や作者が収益を分け合うしかない。今や漫画は世界中で売れるようになった。そろそろ次のフェーズに行くときではないかと。

――政府や官公庁への働きかけはどのように行っていますか。

僕自身は、関係者から聞かれれば考え方を伝えている。渉外の中心は会長の小泉（文明氏）で、政策企画のチームにも10人以上の担当者がいる。今のような（ベンチャーの中では規模の大きい）立場になり、自社の事業に直結する内容に加え、一定の範囲内で業界全体についても提言するようになった。アプリストアの話であれば、ゲームなどの会社にヒアリングして取りまとめるようなこともしている。グローバルな文脈についても、僕らの経験を踏まえた改善点を徐々に言い始めている。

とはいえ、まずは僕ら自身が成功することが最重要。それによって「じゃあうちも」という会社が出てきて、雰囲気を変えられるかもしれない。

（聞き手・中川雅博）

山田進太郎（やまだ・しんたろう）

1977年生まれ。早稲田大学在学中、楽天でオークションサービスを立ち上げる。2001年にウノウを設立、Webサービスやゲームを開発する。10年同社を米ジンガに売却。13年2月にメルカリ（旧コウゾウ）を創業。

『すごいベンチャー2022』〔前編〕の掲載会社（目次）

ベンチャー超入門 「スタートアップ」を知る基本
逆風でも勝てるベンチャーはどこだ
【Web3】ガウディ／ダブルジャンプトーキョー／シナモン／ジーユーテクノロジーズ／マイクロバース／ナナメウエ／オアシス
【ESG】アスエネ／ゼロボード／ブーストテクノロジーズ／シェアリングエネルギー／テンサーエナジー／サステナクラフト／シェルパ・アンド・カンパニー／ウォータ
【DX】ハコモノ／プライシングスタジオ／モブ／ログラス／テイラー／アテナ
【スポーツ】ノーウェア／ジャングルX／ドリームストック／スプライザ
【モビリティ】チューリング／テラワットテクノロジー／ピレニー／テトラ・アビエーション／スカイドライブ／エイトノット
【宇宙】スペースウォーカー／エレベーションスペース／アークエッジ・スペース

【ものづくり】アダコテック／ルテリア／スキルノート／スペースパワーテクノロジーズ／エネコートテクノロジーズ
【コンピューティング】アイロンワークス／オースリート／ファストラベル／ルクオム／レベティ／アルファス
【医療】スマートスキャン／アキュリスファーマ／アイリス／ユイメディ／グレイスグループ／ヘンリー／ヘッジホッグ・メドテック
就職「家族ブロック」対処法
危ない会社を見極める方法
INTERVIEW　世界で勝てるユニコーンは生まれるか
「海外のお手本を日本に呼び込み起業家に刺激を」（伊佐山　元）
「今の日本は商機世界で情報集めリスク投資する」（平川敦士）
「ローカルで培った強み活用　組織面の支援も」（富岡隆臣）

【週刊東洋経済】

本書は、東洋経済新報社『週刊東洋経済』2022年9月17日・24日合併号より抜粋、加筆修正のうえ制作しています。この記事が完全収録された底本をはじめ、雑誌バックナンバーは小社ホームページからもお求めいただけます。

小社では、『週刊東洋経済 eビジネス新書』シリーズをはじめ、このほかにも多数の電子書籍ラインナップをそろえております。ぜひストアにて「東洋経済」で検索してみてください。

『週刊東洋経済 eビジネス新書』シリーズ

No.409 狙われる富裕層
No.410 ライフシフト超入門
No.411 企業価値の新常識
No.412 暗号資産&NFT

No.413　ゼネコン激動期
No.414　病院サバイバル
No.415　生保　最新事情
No.416　M&Aマフィア
No.417　工場が消える
No.418　経済超入門　2022
No.419　東証　沈没
No.420　テクノロジーの未来地図
No.421　年金の新常識
No.422　先を知るための読書案内
No.423　欧州動乱史
No.424　物流ドライバーが消える日
No.425　エネルギー戦争
No.426　瀬戸際の地銀

No.427　不動産争奪戦
No.428　インフレ時代の資産運用&防衛術
No.429　人口減サバイバル
No.430　自衛隊は日本を守れるか
No.431　教員不足の深層
No.432　ニッポンのSDGs&ESG
No.433　独走トヨタ　迫る試練
No.434　変わる相続・贈与の節税
No.435　東芝の末路
No.436　食糧危機は終わらない
No.437　ゼネコン　両利きの経営
No.438　すごいベンチャー2022〔前編〕

週刊東洋経済eビジネス新書　No.439
すごいベンチャー2022〔後編〕

【本誌（底本）】
編集局　中川雅博、長瀧菜摘、大竹麗子、宇都宮　徹
デザイン　ｄｉｇ（成宮　成、山﨑綾子、峰村沙那、坂本弓華）
進行管理　岩原順子、平野　藍
発行日　２０２２年９月１７日

【電子版】
編集制作　塚田由紀夫、長谷川　隆
デザイン　市川和代
制作協力　丸井工文社
発行日　２０２３年１１月１６日　Ver.1

発行所　〒103-8345
東京都中央区日本橋本石町1-2-1
東洋経済新報社
電話　東洋経済カスタマーセンター
03（6386）1040
https://toyokeizai.net/
発行人　田北浩章

電子書籍化に際しては、仕様上の都合などにより適宜編集を加えています。登場人物に関する情報、価格、為替レートなどは、特に記載のない限り底本編集当時のものです。一部の漢字を簡易慣用字体やかなで表記している場合があります。本書は縦書きでレイアウトしています。ご覧になる機種により表示に差が生じることがあります。

本書に掲載している記事、写真、図表、データ等は、著作権法や不正競争防止法をはじめとする各種法律で保護されています。当社の許諾を得ることなく、本誌の全部または一部を、複製、翻案、公衆送信する等の利用はできません。

もしこれらに違反した場合、たとえそれが軽微な利用であったとしても、当社の利益を不当に害する行為として損害賠償その他の法的措置を講ずることがありますのでご注意ください。本誌の利用をご希望の場合は、事前に当社（TEL：03−6386−1040もしくは当社ホームページの「転載申請入力フォーム」）までお問い合わせください。

※本刊行物は、電子書籍版に基づいてプリントオンデマンド版として作成されたものです。